CHARTES DE COUTUMES INÉDITES

DE LA

GASCOGNE TOULOUSAINE

DOCUMENTS

PUBLIÉS POUR LA SOCIÉTÉ HISTORIQUE DE GASCOGNE

PAR

EDMOND CABIÉ

PARIS

HONORÉ CHAMPION

ÉDITEUR

15, quai Malaquais, 15

AUCH.

COCHARAUX FRÈRES

IMPRIMEURS

11, rue de Lorraine, 11

M DCCC LXXXIV

ARCHIVES HISTORIQUES
DE LA GASCOGNE .

FASCICULE CINQUIÈME

CHARTES DE COUTUMES INÉDITES
DE LA GASCOGNE TOULOUSAINE
PAR EDMOND CABIÉ

ORDRE DES MATIÈRES

1

PRÉFACE.

_____

La Saume de l'Isle ou cartulaire des seigneurs de l'Isle-Jourdain, dont une copie est aujourd'hui conservée aux Archives départementales de Tarn-et-Garonne, renferme un assez grand nombre de coutumes ou privilèges octroyés par le pouvoir féodal aux habitants de diverses localités. Outre les privilèges de Gourdon et de Montflanquin, en Guyenne, et ceux d'Azas, à l'extrémité orientale du comté de Toulouse, nous y avons trouvé, pour la partie de l'ancienne Gascogne, située entre la Gimone, la Sère et la Garonne, d'autres textes de ce genre relatifs à l'Isle-Jourdain, à Auradé, à Monferrand, à Sainte-Livrade, à Pradère, au Castéra, à Sainte-Marie-du-Désert, à Thil et Bretx, à Daux et à Fajolles.

La plus ancienne des chartes de l'Isle-Jourdain, qui remonte à la fin du xii° siècle, a été publiée dans la *Nouvelle Revue historique de Droit français* (année 1881, p. 643), et les coutumes de Monferrand et d'Auradé ont été également insérées dans la

Revue de Gascogne (année 1882, p. 185 et 352);
mais les autres étant restées inédites il nous a paru
que ces documents pouvaient obtenir une place légitime dans la présente collection de sources originales.

A divers points de vue, tous ces textes se recom-
mandent du reste, d'une manière particulière, à
l'historien de nos anciennes institutions.

C'est ainsi tout d'abord que leur mise au jour fera
disparaître cette situation déshéritée que l'on consta-
tait jusqu'ici pour le N.-O. du Toulousain. Dans ce
vaste territoire on n'avait fait connaître encore que
quelques rares coutumes de bastides royales, et l'on
pouvait craindre que, si les populations y avaient eu
autrefois d'autres statuts locaux, ces pièces n'eussent
été détruites par les ravages du temps. La présente
publication montre heureusement qu'il n'en est rien,
et qu'en réalité il existe, pour cette partie du pays,
une série nombreuse de monuments coutumiers, qui
la rend presque tout aussi favorisée que les régions
les plus riches en textes semblables.

En second lieu, tandis que les documents déjà édités dans les mêmes limites ou ceux qui appartiennent
à d'autres cantons voisins sont presque tous d'une
date assez récente et postérieure à la soumission du
Languedoc aux princes français, un certain nombre
de ceux que nous publions ont l'avantage d'être anté-
rieurs à cette période, et, avec la charte du Castéra,
nous atteignons même sans doute à des usages tradi-
tionnels qui étaient en vigueur dès la fin du
XIIe siècle.

De plus, si l'on étudie leurs dispositions, on cons-
tatera que, sous ce rapport encore, tous ces monu-

ments forment un ensemble précieux. Ce ne sont plus ici, en effet, des formulaires servilement modelés sur des types déjà connus pour d'autres localités. L'inspiration originale s'y manifeste d'une manière évidente, et elle apparaît dans la forme de la rédaction aussi bien que dans le dispositif particulier d'un grand nombre d'articles. Par ces divers caractères, nos coutumes du Toulousain occidental, tout en rappelant par quelques côtés, soit celles du pays gascon proprement dit, soit celles du restant du Haut-Languedoc, se séparent cependant des unes et des autres et forment un groupe à part, auquel on peut appliquer sans exagération l'épithète d'indigène.

Dans ce groupe, considéré en lui-même, les rédacteurs n'ont pas échappé sans doute à l'esprit d'imitation qui se révèle du reste dans les coutumes de toutes les provinces, et quelques-uns des textes que nous éditons se reproduisent parfois littéralement les uns les autres, pour un certain nombre de leurs passages. Mais cela n'empêche pas que chacun d'eux n'offre des caractères spéciaux ou n'ait pris naissance au milieu de conditions qui lui sont propres et qu'il est intéressant de noter. Ainsi, sans parler d'une assez grande différence de dates qui existe entre plusieurs de nos chartes, on remarquera que ces pièces sont concédées tantôt par un seul maître, tantôt par plusieurs possesseurs de la seigneurie, qui agissent simultanément, et l'on verra aussi que plusieurs d'entre elles émanent du même seigneur, mais s'appliquent à des lieux différents. On comprend, sans que nous insistions, le parti que l'on peut tirer de ces circonstances lorsque l'on veut distinguer les éléments qui

sont d'origine purement territoriale de ceux qui sont
dus à de simples emprunts, faits par les habitants ou
par les seigneurs à des coutumes étrangères.

Notons que plusieurs localités ont des chartes
successives qui, à des intervalles plus ou moins
rapprochés, sont venues étendre les libertés déjà
obtenues. Notre recueil offre en ce genre quelques
séries qui nous semblent particulièrement instruc-
tives, et qui permettent non seulement d'apprécier
ce que fut, dans nos principales villes, le courant
d'émancipation et de progrès qui traversait alors la
société, mais même de suivre ce courant jusque dans
la population de nos villages et de nos campagnes.

Telles sont quelques-unes des raisons qui nous ont
déterminé à donner au public les coutumes déjà
indiquées comme se trouvant dans le cartulaire seigneurial de l'Isle.

Mais, si ces textes nous ont fourni, en quelque
sorte, notre fonds principal, on verra cependant qu'ils
sont loin de constituer à eux seuls la matière de la
présente publication. A ce premier groupe de privilèges nous avons joint en effet plusieurs autres actes
provenant de l'inventaire des archives de l'abbaye de
Grandselve, aujourd'hui conservé à Toulouse (Biblioth. de la Société Archéol. du Midi), et aussi des
extraits du chartrier de Belleperche, insérés dans la
collection Doat, à la Bibliothèque Nationale.

Non seulement ces documents appartiennent de
même au N.-O. de l'ancien Toulousain et aident à
combler la lacune que nous avons signalée dans la
distribution géographique de nos anciennes coutumes; mais, de plus, quelques-uns offrent à leur tour

des formulaires originaux, et tel est le cas de la curieuse charte de Larrazet. Parmi les autres se trouve le spécimen de l'un des types primitifs adoptés par Alfonse de Poitiers, comte de Toulouse (¹), qui pour être connu ailleurs n'a pas été encore publié dans notre région. Il était bon évidemment de le reproduire dans ce recueil local, et nous avons été d'autant plus porté à lui donner une place que la coutume de Fajolles étant presque entièrement semblable, il a suffi de marquer en regard les variantes de cette dernière, pour faire connaître à la fois ces deux textes et rendre en même temps leur comparaison plus aisée.

L'Inventaire de Grandselve, où nous avons puisé, ne rapporte jamais, il est vrai, que l'analyse ou la

___

(1) On connaît deux ou trois formulaires différents que ce même comte et après lui ses successeurs ou des seigneurs particuliers répandirent dans le Haut-Languedoc et dans les régions voisines de la Guyenne et de la Gascogne.

L'un de ces types apparaît à Najac et à Villefranche de Rouergue dès 1255 et 1256, et fut adopté pour Angeville en 1270, et pour Fajolles en 1276.

Un autre formulaire qui est le même que le premier, augmenté de quelques articles initiaux, remonte sans doute également à l'époque d'Alfonse et apparaît en tout cas bientôt après. C'est celui qu'on a suivi pour Gimont, 1274, pour Beaumont-de-Lomagne, 1279, et pour Grenade, 1291. Il est inséré sans changements dans la coutume de Monfort, 1275, de Saint-Martin de Viague, 1278, de Mirande, 1288, de Villefranche d'Astarac, 1293, de Marciac, 1298, de Cazères-de-Marsan, vers 1315, etc. C'est ce même texte que l'on retrouve plus ou moins amplifié à Sainte-Gemme, 1275, à Trie, 1325, à Solomiac, 1327, et tronqué au contraire à Montbernard ou Lacastagnère, 1493.

Quant au troisième type, tout en reproduisant les mêmes termes que le précédent, il fait cependant quelques interversions dans l'ordre des matières et intercale certaines clauses relatives à la répartition et à la levée des tailles, aux infractions de ban, au duel judiciaire, etc.; mais il omet de régler, entre autres, les gains de survie. On le trouve, paraît-il, à Castelsagrat, à Eymet et à Molières, 1270 (Boutaric, *Saint-Louis et Alfonse*, 515 et suiv.; M. Moulenq. *Docum. hist. sur le Tarn-et-Gar.*, II, 213), et il est adopté l'année suivante à La Sauvetat de Gaure et, en 1279, à Fonsorbes, où on le fait suivre, il est vrai, de quelques dispositions étrangères. Il reparaît à Valence d'Agen, en 1283, à Lunas ou Aiguillon, en 1296, à Montcabrier, dans Duravel, en 1298, à Gardemont (Réalville), en 1311, etc.

traduction des actes; mais, comme il est fort possible que la teneur originale n'existe plus, et comme en tout cas on ne sait pas où elle est conservée, nous avons cru qu'on nous saurait gré de publier au moins ces résumés qui paraissent faits avec exactitude et constituent en somme d'intéressants matériaux. On verra d'ailleurs que nous avons employé nous-même de simples traductions pour la première partie de notre recueil, et dès lors il ne sera peut-être pas aussi choquant de retrouver, dans la suite du même livre, des documents présentés sous une forme analogue.

Ajoutons que nous n'avons pas craint d'accompagner l'une de nos coutumes d'un acte de paréage. On sait que les pièces de ce genre servent, de même que les chartes de privilèges, à faire connaître les droits d'une seigneurie, et pour cette considération nous pensons que le paréage de Gilhac, qui peut éclairer d'ailleurs l'histoire primitive de l'un de nos principaux chefs-lieux de canton, ne sera pas trouvé absolument déplacé dans le présent ouvrage.

Voilà pour ce qui est du contenu de notre recueil ([1]); il nous faut maintenant justifier en quel-

---

(1) Sans avoir la prétention de dresser une liste complète, signalons pour la partie du Toulousain, située à la gauche de la Garonne, c'est-à-dire pour la Gascogne Toulousaine, les chartes de coutumes dont nous avons trouvé encore les textes, des analyses ou des mentions, soit dans les sources mss., soit dans les imprimés. En descendant du N. au S., ces documents (que nous indiquons en *italiques* lorsqu'ils ont été déjà publiés) sont ceux de Coutures, vers 1271, du Mas-Grenier, XIIe s. (?), 1249, 1277, 1401, de *Beaumont*, 1279, d'Avenzac, vers 1320, de *Solomiac*, 1327, de *Sarrant*, commencement du XIVe s., d'Escazeaux, 1271, de Gariès, 1265, du Burgaud, XIIIe s. (?), d'Aucamville, 1299, de *Grenade*, 1291, de Cologne, 1287, de Montbrun, 1264, de Saint-Damïan ou Bellegarde, vers 1241-69, de Meuville, 1303, de Lévignac, avant 1296, de Mérenvielle, vers 1281, de *Gimont*, 1273, de Marestaing, vers 1272, de Pujaudran, 1240-88, de Léguevin, vers 1309, de Blagnac, XIIIe s., de Portet, 1405, de *Fonsorbes*, 1205, 1279, de Fontenilles, 1483, de Saiguède, 1283, de Saint-

ques mots la forme que nous avons donnée à sa publication.

La copie du cartulaire des seigneurs de l'Isle que nous reproduisons ne datant que du XVIᵉ siècle, et étant faite très souvent d'une manière inexacte, nous avons rectifié, soit entre parenthèses, soit en note, beaucoup de fautes grammaticales ou autres qui nous ont paru dénaturer la teneur primitive. Toutefois, afin de ne pas multiplier outre mesure ces surcharges du texte, nous avons laissé subsister un assez grand nombre de fautes que le lecteur, aussi bien et même mieux que nous, corrigera facilement. Nous ne croyons pas du reste que l'on ait à pousser bien loin ces restitutions, car presque nulle part les erreurs du copiste ne paraissent avoir obscurci complètement le sens de la phrase.

Quant aux autres documents publiés, tous pris dans des manuscrits remontant seulement au XVIIᵉ siècle, si ceux de l'Inventaire de Grandselve sont assez purs, il n'en est pas de même de ceux de la collection Doat. Aussi avons-nous été obligé de leur appliquer les mêmes procédés qu'aux textes de la

Lys, 1282, (de Sainte-Foy, avant 1255 et en 1367 (?), de Noilhan, 1497, de *Polastron*, 1276, de *Samatan*, 1373, de Montadet, 1305, de Cambernard, 1500, de Saint-Clar, 1254, 1274, de Muret, 1202, de Poucharramet, 1329, de Noé, 1224, de Carbonne, 1257, de Salles, 1283, et du Fousseret, 1247. Quant aux concessions de droits de pâturage que l'on cite pour Vigueron, Verdun, Beaupuy, Plaisance, Cadeilhan, etc., ce sont des privilèges d'une portée trop restreinte pour être mis sur le même rang que les chartes précédentes. Pour nous en tenir ici aux véritables chartes de coutumes, il paraît que plusieurs de celles que nous venons d'énumérer se trouvent actuellement perdues, mais les textes conservés et restés inédits sont assez nombreux. Aussi nous permettrons-nous de souhaiter, en passant, que les chercheurs qui ont découvert ces pièces se décident à les faire connaître *in extenso*. Tant que ces documents ne seront pas édités, on ne pourra pas entreprendre de véritables études d'ensemble, et il sera au moins téméraire de vouloir donner un tableau exact des vieilles institutions de ce pays.

Saume ; et comme la charte de Larrazet, qui est en roman, nous a paru particulièrement corrompue, nous avons cru même indispensable de joindre à chaque article la traduction de Doat, faite peut-être sur l'original, et qui en tout cas aidera à mieux saisir le sens de certains passages obscurs.

On voit par ces explications que, tout en reproduisant des textes anciens, soit en latin, soit en roman, nous ne saurions attribuer à notre livre quelque autorité au point de vue de la linguistique. Il aurait fallu, pour qu'il en fût ainsi, que nous eussions pu recourir à des originaux ou du moins à des copies anciennes ; or, nous avons été réduit à consulter seulement des transcriptions d'une époque récente, et, comme leurs scribes ont mêlé leurs propres incorrections avec celles qui pouvaient provenir des premiers rédacteurs, il nous était impossible de remonter avec certitude à la teneur primitive.

De même que la plupart des manuscrits renfermant des chartes de coutumes, ceux qui nous ont fourni la matière de ce recueil ne présentent pas, pour ce genre de textes, des articles séparés les uns des autres et numérotés. Aussi est-il toujours assez long, sinon difficile, d'y trouver les passages qui concernent un sujet déterminé, et il devient surtout impossible de renvoyer commodément à ces passages dans les citations qu'on en peut faire. Afin de remédier à ces inconvénients nous avons jugé nécessaire d'isoler chaque article en lui donnant un numéro d'ordre, et, pour rendre les recherches encore plus rapides, nous avons pris soin de faire précéder chaque alinéa d'un sommaire en français.

Une publication qui, comme la nôtre, n'a pour but que de fournir des matériaux originaux, ne comportait ni longs commentaires historiques, ni remarques comparatives soit avec les textes similaires des régions avoisinantes, soit avec les dispositions correspondantes offertes par les diverses branches du droit au moyen âge. Toutes ces observations pourront trouver ailleurs leur place mieux marquée et ne deviendront du reste définitivement solides et lumineuses que lorsqu'elles s'appliqueront à un *corpus* de nos coutumes locales plus complet que celui que nous possédons. Pour le moment, ce qu'il importait d'obtenir c'était la teneur précise de chaque passage, et à cet effet nous avions à légitimer en passant quelques expressions qui peuvent paraître étranges ou dont la lecture peut sembler au premier abord douteuse. C'est sur cette considération que nous avons inséré çà et là quelques remarques explicatives pour quelques mots omis par Du Cange ou détournés de leur sens habituel ; et nous ne croyons pas qu'on nous fasse un trop grand reproche si nous avons été parfois un peu prolixe.

Ce que certains lecteurs nous pardonneront peut-être moins facilement, c'est d'avoir remplacé assez souvent par de simples analyses les textes originaux provenant de la Saume de l'Isle. Mais, sans vouloir nous excuser tout à fait, nous observerons que ce système n'a été adopté que pour les moins nombreuses et les moins importantes de nos pièces, et qu'il nous a permis de supprimer ou d'abréger bien des formules dont la reproduction méticuleuse aurait été presque toujours sans profit pour l'étude. Du

moment d'ailleurs que nos manuscrits étaient dé-
pourvus d'autorité sérieuse au point de vue littéraire,
ce qu'il devenait surtout utile de rapporter c'était la
signification plutôt que la lettre même des dispositions. Nous avons donc pris soin dans nos analyses
ou nos traductions de donner avec fidélité le sens des
textes, et, afin de ne pas tromper entièrement l'at-
tente de certains chercheurs, nous avons conservé
les passages originaux les plus dignes de remarque.
Observons au surplus que puisque plusieurs de nos
pièces, placées dans la seconde partie du livre, ne
nous étaient connues qu'en traduction, c'était en
quelque sorte mettre une certaine uniformité dans
l'ensemble de notre recueil que d'adopter quelques
résumés pour les documents que l'on allait trouver
dans les premières pages.

Relativement à la classification des pièces, on
remarquera que nous les avons d'abord groupées
conformément à leur provenance, c'est-à-dire en
conservant les rapprochements donnés par les manuscrits. Chacun de ces groupes naturels correspondant à une région déterminée, il nous a été facile
d'ailleurs de réunir ensemble les pièces d'un même
lieu, et, cela fait, de ranger ces diverses localités en
suivant un ordre géographique qui se maintient dans
tout le volume. La charte de Fajolles est la seule
qui ait dû être déplacée pour se plier à ce dernier
mode de classement; mais du moins nous avons
tenu à indiquer, en même temps, à l'aide d'un faux-
titre et de renvois, le rang qu'elle aurait dû occuper
d'après le fonds qui nous l'a fournie.

Enfin on verra que nous avons fait précéder nos

chartes d'une notice sur chaque petite ville ou village qu'elles concernent. Quelques données relatives aux changements survenus dans l'état de la seigneurie, soit avant, soit après la concession des coutumes, nous ont paru être en effet une introduction indispensable, et nous avons été porté d'autant plus à faire connaître ces renseignements qu'au moment où nous écrivons il n'a encore à peu près rien paru sur l'histoire de ces mêmes localités. Nous avons du reste cherché dans ce travail à être aussi bref que possible, réservant les développements et l'indication précise des sources pour une publication ultérieure.

Après toutes les remarques qui précèdent, trop développées peut-être pour les proportions de notre livre, il ne nous reste plus qu'à ajouter un dernier mot.

Bien que nous nous soyons efforcé jusqu'ici de faire ressortir l'intérêt de nos documents et que nous ayons plaidé en faveur de la méthode suivie pour les éditer, il ne faudrait pas croire que, nous faisant illusion sur le mérite de notre œuvre, nous prétendons qu'elle n'a rien à craindre des sévérités de la critique.

Il est sûr que de nouvelles recherches auraient pu nous faire découvrir d'autres matériaux, tout aussi dignes d'attention que ceux que nous mettons en lumière, et nous avouons qu'avec de plus longues études il aurait été sans doute possible de corriger ou d'éclairer au moins plus d'un passage que nous avons laissé défectueux.

Si, malgré cela, nous nous sommes décidé à présenter notre recueil dans sa forme actuelle, nous l'avons fait pour deux motifs. D'abord, il nous a paru que publier un document est le meilleur moyen de provoquer les rectifications des hommes compétents, qui seules permettent d'arriver à cette pureté de texte qu'un auteur atteint rarement s'il n'emploie que ses propres forces. Et, en second lieu, nous avons pensé qu'il serait plus utile aux travailleurs de posséder dès aujourd'hui notre petite série de sources, tout imparfaite qu'elle est, que d'attendre durant plusieurs années et peut-être indéfiniment des publications complètes et sans défauts.

Roquesérière, 1883.

CHARTES DE COUTUMES INÉDITES

GASCOGNE TOULOUSAINE

COUTUMES DE L'ISLE-JOURDAIN.

1230, 1254 ET 1275.

———

La nature de ce préambule ne comporte pas un long détail de l'histoire féodale de l'Isle-Jourdain, et, d'autre part, il est inutile de rapporter sur ce sujet quelques traits généraux qui se trouvent facilement dans divers ouvrages connus de tous.

Il n'y a pas lieu également d'admettre à cette place le résumé des actes que nous publions. Disons tout au plus que, si l'on joint à ces actes la charte déjà connue de la fin du XIIᵉ siècle, tous ces textes, qui s'échelonnent à des dates rapprochées, pourront commencer de révéler avec quelque fidélité les premiers progrès sociaux et politiques de ce centre de population important (1).

———

30 AOUT 1230.

CHARTE

DE PRIVILÈGES OCTROYÉE AUX HABITANTS DE L'ISLE.

(Archives départementales de Tarn-et-Garonne. Fonds d'Armagnac, Saume de l'Isle, f. 11. — Copie du XVIᵉ siècle.)

1. — *Le seigneur renonce au droit de taverne.* — Notum sit omnibus tam presentibus quam futuris quod dominus Bernardus

(1) Il faut que nous déclarions ici que la *Saume* de l'Isle ne renferme pas tous les vieux documents de droit coutumier qui se sont conservés pour cette localité. Outre un texte des premières franchises qui modifie quelques passages

Jordanus de Insula in remuneratione illorum quinque milium solid. morl. cum quibus liberata fuit villa Insule quando (*corr.* quam) domina Ordia (1), mater predicti Bernardi Jordani, cum redditibus et juribus omnibus pertinentibus ad eamdem villam Insule predicte (*corr.* pro dote) sua tenebat obliguata[m], dedit et absolvit et reliquit, per se et pro toto suo ordinio, nunc et in perpetuum, totam tabernam quam ipse habebat vel habere debebat vel antecessores sui in villa Insule habuerant; que taberna erat et durabat per unum mensem quolibet anno, ita quod [dum] ipse vinum suum vendi faciebat, nullus alius ejusdem ville tabernam vini apperiebat nisi tantummodo peregrinis. Hanc predictam tabernam dedit et absolvit et reliquit dictus dom. Bern. Jordanus omnibus hominibus presentibus et non presentibus, futuris et adventiciis ville Insule et ordinio eorum, sine aliqua retentione quam in predicta taberna non fecit. Et voluit dom. Bernardus Jordanus predictus et precipit quod consuetudo, que de taberna predicta mentionem facere[t], ubicumque reperiretur, deleretur et pro non scripta haberetur et quod omnes habi-

de celui que nous avons déjà publié, les archives de la commune possèdent les sentences de 1254 et 1275 et offrent d'autres chartes complémentaires des XIIIe et XIVe siècles. Nous aurions pu, il est vrai, faire connaître ici tous ces documents d'une manière complète, car, avec un désintéressement bien rare, M. P. Parfouru, archiviste du Gers, a bien voulu nous en offrir une copie ; mais ces pièces méritent une meilleure place que celle que nous pouvions leur attribuer dans notre recueil, et le cartulaire municipal de l'Isle, qui les contient, forme d'ailleurs, par lui-même, un ensemble assez naturel et assez considérable pour être l'objet d'un fascicule particulier. Nos extraits de la *Saume*, et notamment les analyses de 1254 et 1275, ne serviront donc qu'à satisfaire les premières impatiences des curieux et ne les empêcheront pas de désirer vivement l'édition des divers textes fournis par les archives de l'Isle. M. Parfouru est mieux que personne à même de préparer et de mettre ce recueil au jour avec tous les soins nécessaires, et nous pouvons espérer que, cédant aux prières de ses amis, il ne tardera pas à doter notre histoire locale de cette utile publication.

(1) Corrigez *India* ou *Endia* qui est le nom de la mère de Bern. Jourdain III, le même qui concède les privilèges ci-dessus. Nous voyons, d'ailleurs, que cette dame avait apporté 5,000 s. de dot à son mari et avait obtenu la promesse d'une égale somme pour le droit d'augment. Par son testament de 1228, Bern. Jourd. II, époux d'Indie, ordonna que ces sommes seraient payées à sa veuve, et c'est sans doute pour assurer ce payement que, pendant quelque temps, la ville de l'Isle servit de gage à cette dernière, comme le rappelle notre charte. Cette remarque autorise, croyons-nous, notre correction de *predicte* par *pro dote*, que nous avons insérée dans la même phrase.

tatores Insule presentes et futuri qui vinum vendere vel emere voluerint, habeant potestatem liberam semper et quandocumque voluerint, et a quibuscumque et quibuscumque voluerint, vendendi vel emendi vinum, omni tempore.

2. — *Election d'un chapitre communal qui pourra réformer les coutumes.* — Item dom. Bern. Jordanus predictus dedit et concessit et absolvit pro se et pro toto suo ordinio in perpetuum quod tota universitas Insule auctoritate sua propria, ex se ipsa, XIII probos homines vel tot quod universitati visum fuerit [utile] pro capitulo eligent(-et), et quod tota universitas capitulo Insule, qui pro tempore esset, juraret; et quod illi qui erunt de capitulo cum consilio totius universitatis Insule habeant plenam et liberam potestatem mutandi, temperandi, dellendi graves et onerosas consuetudines Insule, scriptas et non scriptas, et quod possint novas consuetudines per se facere et instituere cum predicto consilio que respiciant comunem utilitatem totius universitatis Insule, secundum arbitrium suum.

3. — *Ni la communauté ni les particuliers ne doivent être grevés ou molestés par le seigneur; celui-ci doit au contraire leur prêter son aide contre tout persécuteur et faire réparer ses propres injustices à la requête et au jugement dès consuls.* — Item promisit dom. Bernardus Jordanus quod nunquam de cetero universitatem Insule nec aliquem de universitate dicto vel facto gravabit, molestabit vel inquietabit injuste nec permitet nec sustinebit ab aliquo quod gravetur; ymo, si fieret, promisit universitati et cuique de universitate consilium et auxilium suum et suorum libere secundum posse suum prestare. Tamen si predictus dom. Bern. Jordanus contra universitatem Insule vel aliquem de universitate scienter vel ignoranter aliquid facto vel dicto faciebat vel commitebat injuste, requisit[ioni] consulum Insule, qui pro tempore essent, debet eorum illud judicio emendare.

4. — *La ville nommera et renouvellera à son gré les membres du chapitre.* — Item promisit et concessit dictus dom. Bern. Jordanus de Insula quod cumque vellet universitas Insule uteretur de capitulo, quocumque non, et quod tempus quomodo verte[re]tur (*corr. peut-être* quò non uteretur) de capitulo non valeat quoad possessionem capitolii prejudicium generare; ymo semper et

quocumque universitati Insule visum fuerit utile ut dictum est auctoritate propria eligat capitulum, ex se ipsa.

Hec omnia predicta dictus dom. Bernardus Jordanus pro se et pro omnibus suis successoribus dedit et absolvit et concessit omnibus hominibus Iusule qui presentes erant et aliis hominibus Insule ubicumque essent, qui presentes ibi non erant, et omnibus adventiciis, qui in villa Insule domicilium habent vel habituri sunt et omnibus successoribus supradictis presentibus et futuris.

5. — *Garanties et cautions des promesses faites ci-dessus par le seigneur*. — Item dom. Bern. Jordanus predictus se ipsum et omnes successores suos presentes et futuros, sacramento super quatuor envangellia Dei prestito, obliguavit quod supradicta omnia teneant et inviolabiliter custodiant et servent. Insuper dominus Bernardus, comes convenit (1), quod omnia supradicta teneri faciat et compleri universitati Insule fidem jussit et fideliter promisit. Preterea dominus Bertrandus Insule et Pelfortus de Rabastenx et Guillermus Astanova de Puntis et Guills Faber de Ferrand, pro se et pro suis successoribus juraverunt et fideliter promiserunt omnibus hominibus Insule presentibus et non presentibus et adventiciis et omnibus eorumdem successoribus promiserunt quod omnia supradicta facient teneri et compleri a domino Bernardo Jordano predicto et aliis successoribus.

Date et attestation des témoins de l'acte. — Hoc fuit factum secundo die exitus mensis augusti, regnante Ludovico, rege Francorum, et Ramundo Tholosano comite, Fulcone episcopo. Anno ab incarnatione Domini millesimo ducentesimo trigesimo. Horum predictorum sunt testes Petrus de Montecoquo, cappellanus, et Bernardus de Cadernaco, sacerdos, qui vocatur Monacus, et magister Garcias, diaconus, et Petrus de Solerio, diaconus, qui testes, unusquisque ipsorum jurato per fidem suam et sancta Dei envangellia, testifficaverunt et dixerunt hoc totum quod supradictum est ita vidisse et audisse et verum esse sicut scriptum est. Hoc fuit ita a dictis testibus testifficatum et juratum octavo die exitus mensis februarii, regnante Ludovico rege Francorum, Ram. Tholosano comite, Tholosa sine episcopo, anno ab incarna-

(1) Corr. *Convenarum*.

tione Domini MCC trigesimo primo. De testimonio et juramento
ab ipsis testibus ita facto sunt testes Petrus Arguanhatus, sacerdos, et Petrus Sancius de Sancto Thoma, sacerdos, et frater
Arnaldus de Maurep. et Vitalis Quayrellus qui cartam istam
scripsit.

(D'après une copie de Guill. Raimond, notaire de l'Isle-
Jourdain, prise en 1267 sur le chirographe de V. Quayrel et
insérée dans le livre des archives comtales de la même ville).

SEPTEMBRE 1254.

SENTENCE ARBITRALE

RENDUE ENTRE LES HABITANTS ET LE SEIGNEUR DE L'ISLE-JOURDAIN AU SUJET DES COUTUMES DU LIEU.

(Arch. de Tarn-et-Gar. Fonds d'Armagnac, Saume de l'Isle, f. 7 et 151. —
Copie du XVI⁰ s.)

Des différends s'étant élevés entre la communauté et le seigneur
de l'Isle au sujet de leurs droits respectifs, les sept consuls, au
nom des habitants, d'une part, et Jourdain de l'Isle, de l'autre,
remettent le jugement de l'affaire à des arbitres qui règlent
comme il suit les points en litige :

Jourdain accordera son pardon à tous les habitants de l'Isle,
et, en particulier, à tous les membres du chapitre communal
(capitulariis), présents et futurs ainsi qu'à leurs complices.

La remise du droit de taverne *(donum super banno taverne)*, faite
autrefois par Bern. Jourdain, sgr de l'Isle, reste valable à perpé-
tuité telle qu'elle est portée dans la charte de Vit. Cayrel.

Conformément à cet acte, les habitants pourront nommer les
consuls, *eligere consules*, et Jourdain confirme pour toujours cette
concession.

Pour ce qui est de la cour que le viguier s'est habitué à choisir,
alors que la ville n'avait pas d'officiers municipaux *(dum villa
vaccabat consulibus)*, il est décidé que le viguier dud. seigneur
pourra constituer dans l'Isle-Jourdain lad. cour de justice *(curiam
ad causas audiendum)*, mais alors seulement que la localité se
trouvera sans consuls, *cum ipsa villa vaccaverit consulibus*.

Vient ensuite le règlement des droits des habitants sur les pâturages que led. Jourdain a dans les *dex* ou limites du territoire, de la ville.

Autre article au sujet du mesurage qui avait lieu au moulin.

Attendu que le viguier dud. Jourdain « inhibet hominibus propriis dicti domini ne respondeant vel dent aliquid missionibus in dicta villa ab universitate comuniter factis », les arbitres décident que « homines proprii Jordani, qui eidem tenentur et subjiciuntur ratione homagii, obligentur et etiam teneantur respondere, exsolvere seu satisffacere omnibus expensis, missionibus, collectis seu talliis quas faciet seu fecit comunitas seu universitas dicte ville Insule, sicut alii homines de dicta universitate, exceptis tamen expensis et missionibus quas dicta universitas pro isto negocio usque ad diem istius compromissi fecit, quibus expensis ipsi homines proprii dicti Jordani nec reddere nec dare seu contribuere aliquid teneantur. »

Si dans l'avenir il survient des contestations entre le seigneur et les habitants et que, conformément à la charte rédigée par Arn. de Bonheure, il y ait à nommer huit prud'hommes pour arbitres, les habitants devront choisir quatre prud'hommes et le sgr élira les autres sans qu'aucun puisse appartenir à sa famille ou à celle de son viguier, ni lui être attaché par la servitude de corps (*ratione homagii*) ; et, en cas de partage égal des opinions, ces huit compositeurs en choisiront eux-mêmes un neuvième qui tranchera le débat.

Comme la communauté prétend que l'acte de V. Cayrel lui donne le droit d'édicter de nouveaux statuts ou de corriger les inconvénients des anciens (*facere novas consuetudines et graves et onerosas consuetudines pro sue libertatis arbitrio removere*), les arbitres ordonnent « quod consules dicte ville Insule presentes et futuri habeant plenariam potestatem faciendi novas et utiles constitutiones in villa et etiam amovendi graves et onerosas consuetudines, et hoc de consilio et assensu domini Jordani et successorum » ; mais tout ce que les consuls pourraient faire à ce sujet sans la volonté dud. sgr restera sans valeur, nonobstant le privilège contraire qui a pu être octroyé à la communauté par les prédécesseurs de Jourdain.

Enfin les habitants de l'Isle auront à payer à Jourdain 4,600 sous morlas pour toutes les concessions qui sont énoncées ci-dessus et que ledit sgr devra s'engager à approuver.

Sur quoi led. Jourdain accepte tous les articles du présent arbitrage, lequel est rendu et prononcé en septembre 1254.

MAI 1275.

AUTRE SENTENCE ARBITRALE

RÉGLANT DIVERS PRIVILÈGES DES HABITANTS DE L'ISLE ET FIXANT NOTAMMENT LA FORME DE L'ÉLECTION CONSULAIRE ET L'EXERCICE DE LA JUSTICE.

(Arch. de Tarn-et-Gar. Fonds d'Armagnac, Saume de l'Isle, f. 2. — Copie du XVI° s.).

Cette sentence, rendue par le sénéchal de Toulouse, Eustache de Beaumarchais, que les parties avaient pris pour arbitre, contient les dispositions suivantes :

La garde de la ville, des portes, des fossés et des murs appartiendra à Jourdain, seigneur de l'Isle, et à ses héritiers.

Le marché sera remis sur la place où on avait coutume de le tenir précédemment, et le seigneur ne pourra le porter ailleurs sans l'avis de la communauté.

« Item, ordinamus et mandamus, dit Beaumarchais, quod habitantes in dicta villa de Insula possint facere bordas in terris et locis propriis [et] sine alterius tamen cujus[cum]que injuria tenere ibidem animalia sua de nocte vel de die pro sua libita voluntate, ita tamen quod dicta animalia dicti habitantes non possint seu debeant facere depasci in terra propria domini Jordani ultra seu extra terras laboratas ipsius ville, nisi de consensu domini Jordani. »

L'élection des consuls se fera chaque année selon le mode ci-dessous, et cela afin que l'égalité soit gardée dans la population entre les grands, les moyens et les petits, et que tout motif de discorde soit écarté entre le seigneur et les habitants. Les vieux consuls et le viguier seigneurial éliront quarante notables (*proceres*) de la ville, *ex militibus, burgensibus et barrianis;* ils feront quarante *merelli seu pomelli*, et dans sept de ces méreaux ou boulettes (1) on enfermera un petit billet où l'on écrira seulement le mot *consul* (*quædam cedulla parva in qua sit scriptum* : CONSUL). Puis un étranger ou un jeune homme (*adolescens*) distribuera lesdits méreaux ou boulettes aux quarante notables, un à chacun, et les sept de ces quarante notables auxquels écherront les méreaux renfermant lesdits billets ou cédules seront proclamés nouveaux consuls. Telle est la forme qui sera suivie chaque année pour l'élection des consuls, lesquels prêteront ensuite le serment au seigneur ou à son viguier.

. Il est ajouté aussi que les consuls sortant de charge ne pourront être réélus que trois ans après.

Ce seront les consuls qui nommeront les messaguiers ou gardes des récoltes.

Ils connaitront de plus des causes civiles et criminelles, mais seulement de celles qui seront portées devant eux, et, en ce cas, ils les jugeront *fine debito*, et le viguier exécutera leurs sentences à moins qu'il n'y ait appel.

Les autres causes civiles et criminelles que l'on remettra au viguier seront jugées par la cour du seigneur, terminées de même *fine debito*, et le jugement sera exécuté, à moins qu'il y ait appel ou qu'il soit attaqué pour cause de nullité.

Ni le sgr Jourdain, ni son viguier, ni ceux de la famille du seigneur, pas plus que les consuls, ne jugeront les habitants *palam* (?) *vel subdole, minis, prece vel precio, pactis vel aliis* [*similibus?*] *quibuscumque modis.*

Les plaintes seront portées soit aux consuls soit au viguier ; mais dans les affaires criminelles ou dans celles qui sont poursuivies d'office, le seigneur ou son viguier pourra arrêter les coupables, *et si recredencia de ipsis captis fuerit facienda quod fiat, consilio consulum requisito.*

. L'arbitre décide encore que « *dominus ville vel ejus curia possit*

---

(1) Les expressions employées par la charte désignent en effet de petites boules, faites en cire, ainsi que le prouvent les textes de Montpellier et de Nîmes, où l'on pratiquait, dès les XIIIᵉ et XIVᵉ siècles, le même système de tirage au sort pour l'élection des consuls. Voyez Germain, *Histoire de la commune de Montpellier*, I, 162, 286, 355, et Du Cange, vⁱˢ *merallus* et *pomellus.*

et debeat de causis criminalibus supradictis ex ordine vel extra ordinem cognoscere et etiam fine debito terminare, et suas sentencias exequtioni mandare, tutores et curatores dare quando fuerit requisitus dominus ejus vel curia ; verumtamen cognitioni ordinarie vel extraordinarie criminalium causarum adhibeat duos ex ipsis consulibus et teneatur adhibere, quos consules dicte ville vel major pars eorum ad hoc duxerint ordinandos, nisi dominus vero [cognitioni] dictarum causarum criminalium adhibeat omnes consules vel majorem partem eorum ; et dicte sentencie proferentur, requisito consilio consulum vel majoris partis eorum ».

Enfin, dans les clameurs des causes civiles, qu'elles soient adressées aux consuls ou au viguier, on paiera les mêmes droits de justice que par le passé : *justicie leventur prout consueverunt temporibus retroactis.*

Fait à Toulouse, en mai 1275.

COUTUMES DE SAINTE-LIVRADE.

1248.

Ces coutumes montrent qu'en 1248 le château de Sainte-Livrade était possédé par un assez grand nombre de coseigneurs dont aucun n'appartenait à la famille des barons de l'Isle. Cependant, en 1259, Jourdain IV, l'un de ces derniers, acheta une partie des droits seigneuriaux de Sainte-Livrade et, dans la suite, son fils reçut l'hommage des habitants et d'un consul du lieu, et aussi de quelques damoiseaux qui y tenaient certains biens en fief honoré. Au mois de décembre 1297, le seigneur de l'Isle inféoda à son frère naturel les fiefs nobles de Sainte-Livrade et de Lacroze; il se réserva seulement, avec les droits de justice criminelle et civile, les serfs de corps et de casalage, les terres, rentes, etc., le droit de ressort ou d'appel à sa cour de l'Isle et la redevance d'une paire d'éperons dorés sur le vassal.

Tel est le sommaire de ce que nous apprennent certains actes du Cartulaire seigneurial ou *Saume* de l'Isle; mais le lecteur va pouvoir compléter ces indications en suivant le texte que nous publions et qui est la plus importante de nos pièces concernant Sainte-Livrade.

25 AOUT 1248.

CONSUETUDINES DE SANCTA LIBERATA

(Arch. de Tarn-et-Gar. Fonds d'Armagnac, Saume de l'Isle, f. 1600. —
Copie du XVIᵉ s.).

1. — *Coseigneurs du lieu.* — In nomine Domini nostri Jhesu Xpisti. Manifestum sit cunctis presentibus et futuris quod Ramundus de Patras et Guarsias de Marquesia et Bernardus de Lambes et Arnaldus de Guarnes et Ramundus de Paterius (*corr.* Porterius) et Guillermus de Marquesia et Guillermus de Arnaldo Bernardo et Arnaldus Bernardus de Bernadenx, domini de Sancta Liberata, pro se ipsis et pro suis parieriis omnibus ejusdem castelli, dederunt et concesserunt, imperpetuum confirmaverunt, pro se ipsis et pro

omnibus aliis dominis, eorum parieriis ejusdem castri, et pro suis successoribus universis omnibus concesserunt omnibus et singulis hominibus et feminis in dicto castello habitantibus et permanentibus et qui in futuro tempore habuerunt (*sic*) habitare et permanere omnes et singulas consuetudines et foros et usaticos subscriptos, que videlicet consuetudines et foros et usaticos sunt hec, scilicet :

2. — *Concession d'emplacements pour maison moyennant censive.* — Quod cuilibet homini vel mulieri qui vel que in ipso castello permanserit et habitaverit concesserunt ipsi domini predicti unam pressuam (1) que debet habere tres brachiatas de amplo et sex brachia[tas] de longo, in quibus scilicet pressis possit quisque per se domum facere et edifficare, ita [quod] de qualibet pressa dicte longitudinis teneat[ur] quisque reddere et facere predictis dominis annuatim sex denarios morl. obliarum in festo Penthecostes et sex denarios morl. retroacapite(-is), quando evenerit, et· vendas et impignorationes et justicias sine aliquo alio servicio.

3. — *Tarif des plaintes en justice.* — Item si aliquis homo vel mulier ejusdem castelli se conquestus fuerit de alio homine vel muliere ejusdem castelli demum teneatur in justicia predictis dominis persolvere duos sol. morl.

4. — *Punition de l'adultère.* — Item si aliquis fuerit captus cum muliere conjugata teneatur in justicia eisdem dominis persolvere triginta sol. morl. et tenentur ille homo et mulier qui ita fuerint capti currere nudi de uno capite illius castelli usque ad illud (*corr.* aliud) capud ejusdem castelli ; tamen illa captio debet fieri cum duobus hominibus ejusdem castelli qui non sint de familia dictorum dominorum.

(1) Ce mot *pressua* paraît être plus exactement rendu par *pressa* ou *presa*, que l'on retrouve dans la suite de l'article et à l'art. 16. Cette seconde forme est aussi· dans les chartes du Castéra et du Thil; mais les cout. de Fontsorbes, de 1205, emploient *propersa* dans des passages analogues. Toutes ces expressions désignent, du reste, la partie du sol *prise* par chaque habitant pour bâtir sa maison ou, si l'on veut, *renfermée* et *comprise* dans son lot ; et nous pensons que l'on peut, à cause de leur racine commune, les rapprocher des mots *porprisum*, *porpresium*, *proprisia* ou de leurs congénères (Voyez Du Cange, v° *porprendere*). Les chartes de cout. de notre région appliquent habituellement les noms de *place, local, ayral*, etc., aux terrains bâtis ou non bâtis qui constituaient, dans les villes et villages, la propriété de chaque particulier.

5. — *Blessures ou menaces, leur punition.* — Item si aliquis cultellum traxerit et aliquem alium vel aliam minatus fuerit, irata manu, decem sol. morl. teneatur persolvere predictis dominis in justicia. Item si aliquis vel aliqua cum gladio vel cum petra vel ligno vel aliis rebus similiter alium vel aliam percuserit et sanguinis fusione[m] indè fecerit, irata manu, infra dex et terminos ejusdem castelli, judicata tamen illa sanguinis fusio[ne] per curiam ejusdem castelli, sexaginta sol. morl. tenetur persolvere in justicia predictorum dominorum vel manum dextram admictere *(sic)* ; et similiter tenetur persolvere et restituere dampnum et missionem vulnerato illo.

6. — *Meurtre, sa punition.* — Item si aliquis vel aliqua aliquem hominem vel mulierem interfecerit in dicto castello intus dex et terminos ejusdem castelli sit incursus ipsis dominis de omnibus suis rebus tam mobilibus quam inmobilibus et corpus ejus est justiciandum cognitione curie ejusdem castelli ; tamen parentibus illius mortui debet fieri restitutio de peccunia illius qui illam interfectionem fecerit, cognitione ejusdem curie ; et similiter debent persolvi de vita (*corr.* debita) illius interfecti de eadem sua peccunia.

7. — *Le droit de garde des porcs et des moutons, la forge et le four commun appartiennent aux seigneurs; mais chaque habitant peut avoir son four.* — Item porquaragium et fabrica et ovelhorii (1) et furnus communis predicti castelli debent esse de predictis dominis ; verumtamen quilibet homo vel mulier habitans in illo castello potest habere suum furnum proprium in sua metipsa domo ad dequoquendum suum proprium panem et non alium quod indè recipiat nec habeat aliquam conductionem.

8. — *Des changements de résidence; vente des immeubles par l'émigrant.* — Item si aliquis vel aliqua voluerit recedere de dicto castello debet hoc facere consilio dominorum, et ipsi domini debent illum vel illam associare et guidare de omnibus suis amicis versus

(1) Mot à mot *les bergers des moutons*; mais nous croyons qu'il faut voir ici l'emploi d'une sorte de trope et que l'expression désigne, par le fait, le droit de nommer ces gardiens. Cette interprétation rend inutile la correction par la forme *ovelhagium,* laquelle semblerait nécessaire pour accompagner les mots *porquaragium, fabrica* et *furnus.*

quam partem voluerit ire, secundum eorum posse, quinque leuchas, cum omnibus eorum rebus mobilibus; et honores quos ibi habue-rint possunt vendere cui eis placuerit de vicinis suis, salvo jure et dominatione dictorum dominorum.

9. — *Les accusés fournissent caution, sinon les seigneurs s'assu-rent de leurs personnes.* — Item de quocumque facto fuerit incul-patus aliquis vel aliqua de illo castello debent dicti domini fidem jussorem indè habere et recipere; ipsi domini, si firmare potest, non debent ei facere aliquid donec fuerit judicatus de illo incul-pamento; verumtamen si firmare non poterit, predicti domini debent esse potentes de illo, donec super se ipsum fuerit judicatus per dictam curiam de illo inculpamento.

10. — *Amende pour refus de cautionnement, lequel en ce cas, et en attendant le jugement, est remplacé par l'arrestation personnelle.* — Item, si predicti domini pecierint fiducias ab aliquo vel ab aliqua et noluerint eis dare fidemjussorem, tenetur in justicia persolvere ipsis dominis pro qualibet vice duos sol. morl. de quolibet inculpamento, excepto de facto criminali; tenetur quisque inculpatus ibidem facere dare fidejussores vel quod domini sint ab eodem potentes, quousque fuerit judicatus ab ipsa curia ante-dicta, si fidejussorem noluerit vel non poterit dare.

11. — *Emploi de fausses mesures dans la vente du vin; sa puni-tion.* — Item si aliquis vel aliqua vendiderit ibi vinum cum minori mensura quam preconizatum fuerit tenetur admictere vinum de ipso dolio sine plure in justicia dominorum.

12. — *Droit sur le débit public de la viande de porc.* — Item si aliquis vel aliqua vendiderit ibi ad macellum porcum vel suem die sabbati vel dominica tenetur dare dominis tiuam (*corr.* tibiam) posteriorem fideliter illius porci.

13. — *Punition de la vente de blé avec fausse mesure.* — Item si aliquis vel aliqua vendiderit bladum cum minori mensura quam debuerit, teneatur in justicia dominis admittere bladum illud quod voluerit vendere sine plure.

14. — *Droit d'achat à crédit réservé par les seigneurs.* — Item quique dominorum ejusdem castelli debent habere vendam de rebus vendualibus in eodem castello et exemptionem habere per quindecim diebus cum bono pignore vel cum bono fidejussore qui

sit de eodem castello qui injuriam eidem venditori non habuerit
factam et postquam quindecim dies tenuerit illud pignus potest
illud vendere; tamen illud quod inde ultra suum debitum habuerit
reddat domino cujus illud pignus fuerit.

15. — *Peines appliquées pour vols et pour délits ou dégâts
ruraux.* — Item quicumque fecerit furtum in dicto castello sive
extra intus dex et terminos ipsius castelli debet esse incursus
de omnibus suis rebus mobilibus et inmobilibus, persolutis tamen
debitis illius, et corpus est justiciandum illius ad cognitionem
curie ejusdem castelli; excepto tamen quod qui in nocte fecerit
furtum de vindemia et ortalicia casalium sive de nucibus, non
tenetur nisi de quinque sol. morl. justicia, et de die in septem
den., et bestia grossa in tres den., et porqus et sus in uno obolo,
et quatuor oves in uno den., restitutis tamen dampnis hominibus ·
illis sive mulieribus quibus dampnum fuerit factum.

16. — *Des journées communales employées à la clôture du château.*
— Item de unaquaque domo et prese(-a), exceptis tribus aulis
ipsius castelli, tenetur quisque qui in ipso castello permanserit
et necesse fuerit dare unum jornale unaquaque septimana ad opus
vicinale, de festo Omnium Sanctorum usque ad festum Sancti
Johannis Baptiste ad opus clausure ejusdem castelli.

17. — *Les coseigneurs chargent l'un d'entre eux d'exercer la justice
au nom de tous.* — Item omnes prenominati domini dicti castri
de Sancta Liberata, scilicet Guarcias de Marquesia et Bernardus
de Lambes et Arnaldus de Guarnes et Ramundus Porterius et
Guillermus de Marquesia et Guillermus Arnaldus de Arnaldo
Bernardo et Bernardus dels Bernardenx, pro se ipsis et aliis parieriis dederunt et concesserunt licenciam et liberam potestatem dicto
Ramundo de Patras, et voluerunt et concesserunt quod ipse
Ramundus de Patras de cetero, dum vixerit, recipiat omnes
clamores qui fient et evenient in dicto castro de Sancta Liberata
et in alodio et territorio ipsius castelli, sive pro terris et honoribus
et juribus ejusdem castelli et ejusdem alodii, sive ipsi clamores
fient vel fieri debebunt nomine proprietatum vel possessionum vel
violenciarum vel (1) mulierum, vel mortis vel axtractionis cultelli

_____

(1) Ce mot doit-il être supprimé?

vel adulter[i]orum vel quarumlibet aliarum injuriarum, et indè
recipiat similiter a partibus fidemjussores, et causas omnes audiat
et terminet, et hec omnia faciat et compleat prout melius ei
videbuntur expedire ; et omnes incursus et justicias que ibi
evenient percipiat et, illis deductis in primis expensis, omnes
quas ad hoc fecerit, donet et distribuat sibi, ipsis et aliis dominis
castelli, cuique scilicet. partem suam, ratione illius partis quam
in dicto castello habuerit.

18. — *Limites ou dex du château.* — Item predicti domini,
videlicet R. de Patras et G. de Marquesia et Bern. de Lambes
et Ar. de Guarnes et Ram. Porterius et G. de Marquesia et G. de
Arnaldo Bernardo et Arn. Bern. de Bernadenx, pro se ipsis et
pro suis parieriis, dixerunt et concesserunt et affirmaverunt quod
dex et termini supradicti castelli de Sancta Liberata sunt et esse
debent usque ad rivum de Cedato et usque ad flumen Save et
usque ad Pontillum et usque ad viam Guaragues et usque ad
casale de Clausada.

19. — *Serment des seigneurs et des habitants.* — Insuper predicti
domini Ram. de Patras et Guarsias de Marquesia et Bern. de
Lambes et Arn. de Guarnes et Ram. Porterius et Guill. de
Marquesia et Guill. Arn. de Arnaldo Bernardo et Arn. Ber. de
Bernadenx, pro se ipsis et pro suis pariariis omnibus, scilicet
quisque eorum pro se ipso et pro suo propinquiori sive propinquioribus parciariis, et similiter Arnaldus qui vocatur Abbas, et
Arnaldus Barrillus et Guillermus Barrillus et Bernardus Barrillus
et Vitalis Carrerias et Vitalis Guordonus, pro se ipsis et pro
omnibus aliis probis hominibus et mulieribus, in dicto castello
de Sancta Liberata permanentibus et habitantibus, promiserunt
scilicet quisque eorum per suam fidem et super quatuor Dei
envangellia, cum sua manu dextra, juravit omnes et singulas
consuetudines, foros et usaticos suprascriptos tenere et complere
ac fideliter semper observare. et nullo modo aliquo tempore contravenire.

Hoc fuit ita datum et concessum et juratum septimo die exitus
mensis augusti, regnante, Ludovico rege Francorum, Ramundo
comite Tholosano, et Ramundo episcopo. Anno ab incarnatione
M°CC° quadragesimo octavo. Hujus totius scripte rei sunt testes

Arnaldus de Marquesia et Bernardus de Arnaldo Bernardo, probus homo, et Arnaldus Falquetus et Petrus de Monte, Arnaldus de Torquillo et Arnaldus de Bonahora, notarius publicus Insule-Jordani, qui cartam istam scripsit.

(Copie prise dans le livre des archives du comté de l'Isle par *P. de Fouresio*, not. de Toulouse).

COUTUMES DE PRADÈRE.

1281 ET 1285.

Dès 1228, il est question d'albergues dont le seigneur de l'Isle jouissait
à Pradère, à Lévignac, à Manville, etc. Au milieu du siècle, Jourdain
de l'Isle acquit dans le premier de ces lieux les biens de G. Saysses
et d'I. de Maurencs et cinq ans après il acheta un quart de la même
seigneurie possédée par R. G. Escot et par son frère. De son côté,
en 1265 et 1269, P. Roux, fils de Vit. Vaquier, céda à Argagnat
son gendre tout ce qu'il avait dans une 4ᵉ partie du château ou fort
de Pradère ; mais ces biens étaient sous la domination féodale de
P. Du Lac, de Verdun, lequel percevait à ce sujet ses oblies, l'arrière
acapte et un droit de justice. Les coutumes éditées ci-après montrent
qu'à l'époque de leur concession, le fief de Pradère était encore
partagé entre deux coseigneurs : Jourdain de l'Isle et Baron de
Blanquefort. Ce fut seulement en 1293 que le seigneur de l'Isle eut
les droits des Blanquefort sur Pradère en cédant en échange le lieu
de Cassemartin.

---

20 FÉVR. 1280 (1281).

CONSUETUDINES DE PRADERA.

(Arch. de Tarn-et-Gar. Fonds d'Armagnac, Saume de l'Isle, f. 1571. —
Copie du XVIᵉ s.)

1. — *Nom des seigneurs.* — Noverint universi presentes pariter
et futuri quod nobilis dominus Jordanus de Insula et Baronus
de Blancaforti, domicellus, per se et suos heredes, dederunt et
concesserunt universitati hominum de Pradera libertates et
consuetudines infrascriptas.

2. — *Concession du droit de pêche avec réserve pour les nouveaux
habitants.* — Voluerunt siquidem domini antedicti quod homines
universitatis predicte infra dex et terminos ville predicte possint
et eis et cuilibet eorum liceat piscare pro omni eorum voluntate
per totum flumen Save, tantum videlicet quantum durant termini

ville predicte de Pradella, ita quod non teneantur dare homines antedicti pro piscaria predicta aliquid dominis predictis nec aliquis (-cuibus) eorum nomine petentibus vel requirentibus, exceptis illis hominibus qui de novo venirent permansuri in villa predicta vel infra dex ville predicte, nam illi qui forte vellent piscare in aqua predicta infra annum a tempore quo venirent computandum dent et dare teneantur dominis antedictis quartam partem piscariĕ predicte; post annum vero, si permanserint, nichil teneantur dare pro piscaria predicta sed quod possint piscare per totam aquam libere, ut est dictum.

3. — *Libre dépaissance dans les terres seigneuriales accordée pour les porcs, à l'exception de ceux qui sont tenus à cheptel.* — Item voluerunt domini antedicti quod homines universitatis predicte omnes et singuli possint et eis liceat habere et tenere porcos et sues per totam terram dominorum predictorum, excepto nemore de Bocona videlicet defenso, ita quod nichil teneantur dare dominis predictis pro forestagio vel pastengo porcorum predictorum, dumtamen essent proprii hominum predictorum. Si vero haberent aliquos porcos vel sues in guasalha vel alias aliquo modo tenerent ab aliquibus hominibus extra villam predictam, quod teneantur dare homines predicti, pro quolibet porco vel sue, unum den. tolos. pro forestagio quolibet anno : sed si habitantes in loco predicto alter alteri tradeba[n]t porcos vel sues in gasalha vel aliter, nichil pro eis dare teneantur. Premissa concesserunt domini predicti super porcis et suibus predictis, dumtamen mane de eorum domibus vel bordis infra terminos ville predicte existentibus exeant et sero redeant ad domos vel ad bordas predictas.

4. — *Mêmes dispositions pour les grosses bêtes à corne ; défense de tenir des cabanes de vaches dans lesd. terres.* — Item voluerunt et concesserunt domini antedicti quod homines universitatis predicte possint habere et tenere boves et vaccas et infra terminos ville predicte et per totam terram ipsorum dominorum, ita quod non teneantur pro bobus vel vaccis aliquid dare dominis pro forestagio vel pastenco, dumtamen sint proprii hominum predictorum. Si vero haberent aliquos boves vel vaccas in guasalha ab hominibus extra villam predictam, teneantur dare dominis predictis tres den. tol. pro quolibet bove vel vacca, quolibet anno,

nisi cum ipsis continue laborarent, quia tunc nichil dare tene-
rentur. Homines vero universitatis predicte inter se possint facere
guasalhas omnium animalium, ita quod pro hiis nichil dare
teneantur dominis antedictis. Cabanas tamen vaccarum non
possint tenere homines predicti in terra dominorum predictorum
nisi de voluntate ipsorum.

5. — *Mêmes dispositions pour les moutons, chèvres, etc.* — Item
concesserunt domini quod omnes homines universitatis predicte
et singuli possint habere et tenere oves, arietes, capras et ircos,
quas vel quos habuerint proprias, tamen infra terminos ville
predicte et per totam eorum terram, excepto nemore de Bocona
deffenso, mane tamen exeundo de domibus vel bordis eorum et
sero redeundo, ita quod nichil pro forestagio dare teneantur
dominis antedictis. Si vero oves, arietes, capras et ircos in guasalha
vel aliter ab hominibus extra villam tenuerint, dent et dare
teneantur homines predicti de sex ovibus, arietibus, capris vel
ircis, unum denarium tol., a sex vero infra nichil dare teneantur
nec a sex supra, nisi unum den. tantum usque ad duodecim; de
duodecim tamen teneantur dare duos den.; et sic servetur quod
nichil teneantur dare nisi numerus de sex esset completus, ubi
vero completus fuerit semper teneantur dare unum den. tol., prout
est dictum in principio computi predicti.

6. — *Tarifs des amendes pour dégâts faits aux récoltes dans les
possessions des seigneurs.* — Item voluerunt domini antedicti
et expresse concesserunt quod ipsi vel alii pro ipsis non requirent
vel requiri facient aliquid aliud pro messaguariis, justiciis vel foris
in terris, pratis, vineis vel aliis possessionibus que ipsi domini
habent vel in posterum habebunt apud Pradellam, nisi tales
messeguarios, feres (*corr.* foros) et justicias quas habent et habere
consueverunt in aliis terris et possessionibus universitatis predicte.

7. — *Droit d'usage accordé aux habitants dans les bois, les eaux
et toute la terre des seigneurs.* — Item voluerunt domini predicti
quod homines predicti habeant tallium lignorum ad eorum usus
proprios et explectum aquarum, herbarum et folliorum per totam
terram ipsorum dominorum et (*corr.* ad) eorum propria animalia
et ad alia animalia libere, ut est dictum, excepto nemore de
Bocona deffenso.

8. — *Les habitants peuvent construire des bordes sur leurs propres terres.* — Isem expresse concesserunt domini antedicti quod omnes homines universitatis predicte possint et eis liceat facere bordas et tenere infra dex ville predicte libere in suis terris.

Has consuetudines et libertates dederunt et concesserunt domini antedicti hominibus et universis et singulis universitatis predicte et eorum successoribus per imperpetuum vallituros, et promiserunt quod nunquam contra libertates predictas non venient, ymo predictas libertates tenebunt et inviolabiliter observabunt. — Et hoc fuit factum nono die exitus mensis februarii, regnante Philippo Francorum rege, Bertrando episcopo Tholosano. Anno incarnationis dom. M° CC° octuagesimo. Hujus rei sunt testes magister Petrus de Crosa et Sicardus Fortis et magister Bernardus de Bigorra et Ramundus de Crosa et Guillermus de Rupho, notarius Insule-domini-Jordani publicus, qui hanc cartam scripsit.

(Extrait du livre des archives du comté de l'Isle et corrigé et signé par le not. P. de Fourès.)

---

4 JUIN 1285.

AUTRES STATUTS OU COUTUMES DE PRADÈRE.

(Arch. de Tarn-et-Gar. Fonds d'Armagnac. Saume de l'Isle, f. 1563.
— Copie du XVI° s.)

1. — *Octroi de la charte par les seigneurs à la prière des habitants.* — En l'honneur de J. C., de N. D. et de St Simphorien, soit connu que noble Jourdain, chevalier, seigneur de l'Isle, et Baron de Blanquefort, damoiseau, tous deux seigneurs par indivis de Pradère, savoir led. Jourdain pour trois parties, et led. Baron pour la 4° partie, « considerata, ut dixerunt, solicitè et pensata utilitate omnium ipsorum et successorum suorum et totius universitatis de Pradera, longua ac diligenti delliberatione habita et tractata super inferius anotatis, postulationi et precibus dicte universitatis adquiscere cupientes, existimantes esse justum quod ab universitate predicta fieri postulabatur, videlicet statuere infrascripta ut nunquam a modo inter dominos dicti castri et dictam univer-

sitatem vel inter homines universitatis ejusdem ville iniquitatis scrupulo possit dissensio suboriri, in presencia mei Ramundi Arganhati, publici Insule notarii, qui omnia infrascripta de consensu dictorum dominorum et universitatis ordinavi et mate-. riam recepi et scripsi ad faciendam inde publicum instrumentum jure perpetuo valiturum, ne perversitate proborum hominum infrascriptorum valeat derogari, dederunt et concesserunt libentissi, bona fide, universis hominibus in dicto castro seu villa de Pradera et ejus pertinenciis habitantibus, consuetudines et libertates et statuta que subsequuntur » :

2. — *Les fours sont aux seigneurs.* — Ils ont statué *(statuerunt)* que personne, dans led. lieu et ses appartenances, ne pourrait avoir de four pour cuire son pain ou le pain d'autrui, si ce n'est lesd. seigneurs ou celui à qui ils donneront le four ; ceux-ci devront entretenir le four en bon état et faire cuire le pain des habitants moyennant la seixième partie.

3. — *Droit perçu pour chaque plainte en justice.* — Ils ont statué que tout habitant qui voudra se plaindre *(conqueri)* de quelqu'un, devra adresser sa réclamation soit au bailli seigneurial, soit aux seigneurs ou à l'un d'eux, et ceux-ci percevront sur le vaincu 5 sous toul. *pro justicia clamoris,* après toutefois que le plaignant aura été indemnisé du préjudice éprouvé.

4. — *De la poursuite des causes criminelles.* — Dans les cas où il y aura eu « abstraction » de glaive ou effusion de sang, les seigneurs ou leur cour pourront, de leur propre initiative, intervenir *(se intromittere)* dans l'affaire et rechercher les coupables « vel per modum denunciationis vel inquisitionis, proventionis (1) vel clamoris vel inqueste vel alio quocumque modo eis visum fuerit faciendum » ; et il en sera de même au sujet de tout autre crime ou forfait.

5. — *Tarif des blessures et menaces.* — Ils ont statué que si quelqu'un, dans led. château, en blesse un autre méchamment « inferendo vulnus legale vel etiam sanguinis fusionem cum

_____

(1) Voyez Du Cange, v° *præventio.* L'ouvrage de M. Fournier (*Les officialités au moyen âge,* 3° partie, tit. 2) indique ce que l'on entendait, dans la procédure criminelle, par la *dénonciation,* l'*inquisition,* etc.

gladio vel fusto vel cum petra, ferreo aliquo, pigassa vel cum ense, vel cum aliis rebus hiis similibus », il donnera aux seigneurs 60 s. toul. pour droit de justice, « quando probatum fuerit et judicatum contra ipsum, restitutione tamen primo facta de bonis vulnerantis dampnum passo seu vulnerato, ad cognitionem summariam seu esgardum judicis dicti loci, antequam dominis solvantur LX solidi supradicti ». Et si le coupable ne peut payer lesd. dommages et les 60 s. il a été statué « quod vulnerans currat per villam de Pradera et nunquam ibi vel infra pertinentias revertatur nisi de consensu dominorum et vulnerati ». Quiconque tirera le glaive méchamment contre quelqu'un en le menaçant et en le frappant ou en le mettant en fuite, sans le blesser, payera aux seigneurs 30 s. toul. pour justice, après que le fait aura été prouvé; et s'il n'a de quoi payer il courra par la ville et n'y rentrera que du consentement des seigneurs.

6. — *Punition du viol.* — Si un homme corrompt une femme par force ou « déflore » une vierge malgré elle, il sera tenu de l'épouser, s'ils sont libres, « nisi tamen femina sit *servir. grapunone conumem* (1), vilioris conditionis et generis quam ille homo », auquel cas cet homme sera tenu de doter la femme « et pro ea dotem constituere ad cognitionem judicis dicti loci, nisi eam maluerit ducere in uxorem »; et en outre il devra payer auxdits seigneurs, comme peine ou justice, ce qui sera fixé d'après la décision du juge. Mais si, selon l'opinion commune des habitants de Pradère, l'homme est de plus vile condition que la femme, tous ses biens seront adjugés aux seigneurs, et il subira la peine corporelle qui sera fixée par le juge.

7. — *Peine de l'adultère.* — Ils ont statué que si un homme marié est pris soit avec une femme mariée soit avec une femme libre ou non mariée (*soluta*), et réciproquement, ces adultères paieront 60 sous aux seigneurs, d'après la connaissance du juge,

---

(1) Ces trois mots, qui sont surmontés chacun d'un signe d'abréviation sur les dernières lettres, paraissent, comme plusieurs autres du même ms., avoir été mal rendus par le copiste. Pour le premier et le troisième, on peut traduire peut-être par *servile* et *commune;* quant au deuxième, nous ne savons au sûr si l'on est en droit de le restituer en recourant aux mots *crapulari, grapinum* et leurs dérivés (Voir Du Cange) ou au terme languedocien *graponant* (*Gloss. occit.*).

et seulement lorsque ce fait aura été prouvé, « ita quod probatio non fiat per aliquem de dictis dominis vel familiam eorumdem sed per alios fidedignos ».

8. — *Peine pour emploi de fausses mesures.* — Celui qui dans les ventes se servira d'une fausse mesure ou d'un faux poids paiera aux seigneurs 60 s. toul. et restituera le dommage à l'acheteur « ad cognitionem et esgardum consulum loci ».

9. — *Peines appliquées aux dégâts et aux vols de récoltes.* — Ils ont statué que si un homme ou sa bête sont surpris par le *messaguier* du lieu « transeundo per aliquem ortum, pratum, vineam et alium honorem alicujus, tempore quo sunt deffensa », et cela sans qu'ils aient le consentement du maître de ces possessions, cet homme ou le propriétaire de la bête (dicti grossi animalis) doit payer aux consuls et aux messaguiers un den. toul. pour la justice de la messaguarie et réparer le dommage à la connaissance des consuls. — Tout homme ou femme que le messaguier surprendra pendant le jour volant des fruits réservés payera aux consuls 4 den. toul. pour lad. justice, et réparera le dommage au propriétaire, selon que les consuls le décideront. Si quelqu'un est trouvé par quelque habitant digne de foi enlevant pendant la nuit « fructus deffensos de aliquo honore, tempore quo est deffensum, et ponendo in capucio sive in fauda vel in manta, quod solvat dominus v sol. tol. pro justicia, si probatum fuerit vel si inveniens juraverit ad sancta Dei envangellia, invenisse eumdem »; et en outre qu'il répare le préjudice, selon l'appréciation (*ad esgardum*) des consuls. Tout habitant surpris pendant la nuit enlevant les fruits des jardins, des vignes et des arbres, et cela « ponendo in saco portadera, panerio sive disca », sera tenu de payer aux seigneurs 60 s. toul. de justice, après que le préjudice fait au propriétaire aura été d'abord réparé, à l'appréciation des consuls. Si quelqu'un est déclaré par serment avoir été trouvé de nuit volant du foin ou de la paille « in solo vel area vel alibi, vel herba(m) vel ferragiem, ponendo in una fays vel sacco », il paiera 5 s. de justice aux seigneurs et le dommage au propriétaire ; mais le droit de justice sera de 60 s. si le vol est de deux faix ou sacs ou d'un plus grand nombre. Celui qui pendant la nuit prendra « bladum batudum vel garbam de solo

vel area vel de campis » paiera aux seigneurs 60 s. et réparera le dommage. — Enfin « pro quolibet bove, vacca, rocino, equa, mulo, asino vel sauma, qui fuerit inventus per messeguarium in loco defenso, solvat dictus animal unum den. pro messeguaria »; pour chaque pourceau, il sera payé, dans le même cas, 1 den. tour. et pour chaque bête à laine, bouc ou chèvre « unum pogesium », sans parler du dommage qui doit toujours être réparé d'après la connaissance des consuls.

· 10. — *Infraction de ban.* — « Quicumque bannum ibi fregitur (*corr.* fregerit) teneatur dare dominis LX sol. pro justicia, et rem bannitam reponere in eo statu in quo erat tempore banni facti. »

11. — *Peine pour détournement des objets saisis.* — Ils ont statué « quod quicumque bajulo vel nuncio dicti loci jurato pignus maliciosè abstulit solvat dominis LX sol. tol. pro justicio, ad cognitionem judicis et reddat pignus ablatum, dato etiam quod pignoraretur injustè ».

12. — *Liberté de tester.* — Tous les habitants pourront faire leur testament et disposer de leurs biens à volonté, « hoc excepto quod bona sua immobilia non possint relinquere, dare vel leguare personis vel locis religiosis ».

13. — *Règlement des successions.* — Si quelqu'un meurt sans testament, et « nullis relictis liberis vel patre vel matre vel aliquo sibi propinquo usque ad quartum gradum ascendentium, descendencium, transversalium vel collateralium, omnia ejus bona sint dominorum predictorum, illa videlicet que ibi haberet ».

14. — *Liberté accordée aux prévenus moyennant caution.* — Personne ne peut être arrêté à raison de son forfait, s'il peut donner « fidejussores ydoneos de stando juri coram curia loci et de repr[ese]ntanda persona, nisi fecerit vel comiserit tale quid (*corr.* aliquid) propter quod ejus corpus debeat occidi vel ei membrum ab eodem vel ejus bona confiscari ».

15. — *Les criminels sont gardés et jugés dans la localité.* — « Statuerunt quod aliquis ibidem captus pro aliquo forefacto ibidem comisso indè captus non extrahatur, sed ibi captus custodiatur in communi carcere dominorum et per judicem ipsorum dominorum judicetur. »

16. — *Les seigneurs ont toute juridiction civile et criminelle,*

et ils la font exercer par leur juge. — « Item, statuerunt quod cognitio et diffinitio et executio causarum tam civilium quam criminalium et etiam aliarum sit, spectet et pertineat ad dictos dominos solos ibidem et eorum judicem, et quod dicti domini ambo simul et concorditer ibidem constituant unum judicem ordinarium qui ibidem omnes causas que in dicto castro venient et emergent audiat et examinet et debito fine decidat. »

17. — *Ils ont aussi la connaissance des appels.* — « Item, statuerunt quod a judice ordinario eorum appelletur ad judicem appellationum ipsorum amborum, quandocumque ab eo appellari continguat. »

18. — *Le bailli peut demander des cautions aux habitants en leur accordant un certain délai.* — « Item statuerunt quod bajuli dictorum dominorum in dicto loco possint si vellint facere fidejuss. (*corr.* fidejubere) habitatoribus, indicendo tamen causam quarè; et quod illi cui petentur hanc (*corr.* habeant) inducias fidejubendi et perquirendi de mane usque ad vesperam et de vespere usque ad mane, hora prime *(sic).* »

19. — *De la punition des vols commis par les étrangers; réserve des droits de l'épouse dans le cas de confiscation des biens des meurtriers et autres criminels.* — Tout étranger qui commettra un vol dans le lieu aura ses biens confisqués au profit des seigneurs, et son corps sera puni (*justiciatum*) à la connaissance du juge; mais on réservera en même temps le montant de ses dettes ainsi que la dot de la femme s'il est marié. De même pour les habitants du lieu condamnés pour homicide : les seigneurs en auront les biens, sauf ce qui doit être réservé pour la dot des femmes ou pour les dettes, et le corps sera puni par le juge conformément au droit.

20. — *Procédure à l'égard des contumax coupables de quelque crime.* — Si quelqu'un quitte la localité après avoir commis un forfait ou un crime, ses biens seront confisqués au profit des seigneurs, et « ille absens citetur tribus continuis vicibus vel edi[c]tis, quorum quolibet contineat spacium trium dierum, qui tribus vicibus sic citatus si non comparu[er]it citentur ejus proximos parentes et vicini et interrogentur per curiam dicti loci vel etiam requirantur an vellint illum absentem super illo

forefacto vel crimine deffendere, quod nisi facere voluerint, statuerunt quod bona ipsius absentis et indefensi dominis loci veniant [in] incursum [et] applicentur eisdem (1). Si vero ipsum absentem aliquis voluerit deffendere aut ipse absens interim compareat, fiat eis per dictum judicem breve justicie complementum, et [si] infra annum et diem venerit a tempore contumacie ultime numerandum bona recuperet sua, sed si post venerit nullomodo recuperet dicta bona, sed sint dominorum. Super forefacto tamen vel crimine audiatur postea veniens, prestita caucione ydonea [de] representanda persona, alias nullomodo audiatur liber, liber (2) et captus detineatur ibidem ».

21. — *Droit d'espère ou de vente de vivres réservé par les seigneurs.* — Quand lesd. seigneurs ou l'un d'eux se trouveront en personne à Pradère, les habitants seront tenus de leur consentir « vendam omnium victualium que habebunt ad opus ipsorum et totius familie sue ; et habent dicti domini tunc speram per quinque dier. (*corr.* quindecim dies) cum bono pignore vel fidejussore ydoneo dicti loci qui principalis censeatur et, obmisso dicto domino, ut principalis valeat conveniri ; et habea[n]t tunc quemlibet gallinatum pro uno den. tol. et quamlibet guallinam pro duobus denariis tol. et quamlibet ancerem pro tribus den. tol. et aliud animal quodlibet ad esgardum consulum loci, ita tamen quod lapsis dictis quindecim diebus, ille cui debebatur pecunia pro illis rebus possit pignus sibi datum vendere ubicumque voluerit ad inquantum et inde recuperare suum debitum et superfluum reddere domino, si magis inde habuerit; et si minus [habuerit] quod dominus illius refficiat. Et si fidejussorem dederint dicti domini pro predictis, statuerunt quod dicto termino lapso, bajuli (-us) compellant(-llat) absque clamore dictum fidejussorem ad requestam creditoris ad solvendum eidem, obmisso domino, tamquam principalem ».

22. — *Droits des seigneurs sur la forge du lieu.* — « Item,

---

(1) Le formulaire de cette disposition se retrouve en grande partie dans l'art. 2 des cout. de Toulouse.

(2) Ce mot est sans doute inutile et pourrait être remplacé par *sed*. Conférer. cout. du Castéra, art. 12, et de Thil, art. 18.

statuerunt quod fabrica dicti loci et pertinentiarum ejusdem sit dominorum vel illius cui dare voluerint eam, et quod faber qui eam tenebit et gubernabit teneatur ferrare libere boves hominum loci quando necesse fuerit, cum ferro tamen hominum dicti loci. »

23. — *Réparation des maléfices clandestins et des dégâts faits par les habitants ou leurs animaux*. — En cas de maléfice clandestin, « statutum pacis super hoc edictum observetur ». Tous les habitants auront à donner et à payer « messeguarias, cum actenti fuerunt », eux ou leurs animaux, à raison des dégâts (*talas*) susmentionnés, et il a été statué qu'ils contribueront ensemble aux amendes ou réparations pour maléfices clandestins.

24. — *Confirmation des droits de dépaissance et de pêche déjà accordés aux habitants*. — Les habitants du lieu tiendront, possèderont et exploiteront « padoenca [et] piscaria [sicut] in carta vel instrumentis continentur antiquis, et ea etiam [que] domini ipsis de novo dederunt ».

25. — *Droits de bouade et d'albergue*. — Il a été convenu que les seigneurs auront « bordam (*corr.* boadam) et albergadam de hominibus loci, semel in anno, vel (*corr.* ut) acthenus retroactis temporibus consueverunt ».

26. — *Les élections des consuls et des messeguiers auront lieu comme par le passé*. — Les seigneurs ont voulu « quod electio consulum et messegarii qui erunt a modo apud Praderam, fiat ut actenus retroactis temporibus fieri consuevit ».

Les susd. coutumes (*usus, statuta et libertates*) ont été données et concédées à... (suivent les noms d'un certain nombre de prud'hommes ou habitants), qui les reçurent et approuvèrent au nom de toute la communauté de Pradère.

Le 4 de l'entrée de juin, Bertrand étant évêque de Toulouse, 1285. Témoins : P. Duros, chevalier, Baudouin de Sabalhan, chevalier, Gui de Passer, prêtre, R. d'en Bos, not. de l'Isle, et R. Arguaniat, not. de l'Isle, qui écrit l'acte.

COUTUMES DU CASTÉRA.

1240.

Avant 1139, un tiers de la seigneurie du Castéra appartenait à Geoffroy de Muret, qui le donna à sa fille, épouse de Jourdain I, seigneur de l'Isle. Les descendants de celui-ci continuèrent à posséder ces droits sur ce lieu, ainsi que le montrent divers actes soit de la fin du XIIᵉ siècle, soit du siècle suivant. Mais d'autres seigneurs y avaient en même temps une autre partie du fief, et tels sont Bernard Gautier, en 1199, A. de Coubirac et B. de Saint-Laufaire, en 1207, et aussi ceux qui sont énumérés dans la charte de privilèges que nous publions. Les barons de l'Isle ne tardèrent pas toutefois à se substituer aux autres coseigneurs, et, par des achats successifs faits en 1250, 1272, 1279, ils parvinrent à réunir dans leurs mains tout le domaine du lieu.

Les consuls du Castéra, qui n'étaient pas encore établis à l'époque de la charte de coutumes, sont cités en 1289.

----

19 NOVEMBRE 1240.

CARTA TANGENS FACTUM DE CASTELLARIO SUPER USIBUS ET CONSUETUDINIBUS DICTI LOCI.

(Arch. de Tarn-et-Gar. Fonds d'Armagnac, Saume de l'Isle, f. 283. — Copie du XVIᵉ s.)

1. — *Nom des seigneurs et origine des présentes coutumes rédigées sur la déclaration des prud'hommes.* — In nomine Domini nostri Jhesu Xpisti. Noverint universi presentes pariter et futuri quod dominus Jordanus de Insula et domina Helionos, pro se ipsa et Bernardo de Astaforte, filio suo, et Guillermus de Saishes de Sanctonens. et Arnaldus de Sparberiis, pro se ipsis et aliis dominis omnibus de castello de Castellario, eorum bona, libera ac spontanea voluntate, voluerunt sire et audire foros, usus et consuetudines, dominationes omnes dicti castelli de Castellario, quos foros, usus

et consuetudines et dominationes omnes dicti castelli de Castellario
Monacus de Sazeto et Forcius de Altezaco et Pontius de Altezaco,
fratres, Bernardus Arguanhatus et Petrus de Corgil et Petrus de
Saplanctad et Sancius de Bozigas et Bernardus (1) Petrus de
Mota et Forcius de Castellario et Ramundus de Negafontau,
jurantes per fidem suam ad sancta Dei euuangellia pro se ipsis
et aliis probis hominibus omnibus de Castellario, de consilio et
voluntate et consensu dominorum omnium supradictorum, ita
dixerunt se vidisse et audisse et verum esse et per multa tempora
cum eis et cum eorum antecessoribus, sicuti ab eis audierunt, in
dicto castello de Castellario ita permansisse ; et cum illis bonis
foribus, usibus et consuetudinibus et dominationibus domini dicti
castelli de Castellario cum probis hominibus de Castellario, qui
ibi jamdudum fuerunt, et ipsum castellum fecerunt et meliora-
verunt.

2. — *Promesse par les seigneurs de maintenir ces coutumes fidèlement.* — Quos foros, usus, consuetudines et dominationes omnes
inferius scriptas et recitatas dominus Jordanus dictus et domina
Helionos, pro se ipsa et Bernardo de Astaforte, filio suo, et
Guillermus de Saishes et Arnaldus de Sparberiis, supradicti, pro
se ipsis et aliis dominis omnibus de Castellario, sua sponte ibidem
in presenti dixerunt, promiserunt et voluerunt et concesserunt
et affirmaverunt modis omnibus pro omni posse eorum tenere et
observare et nullis temporibus aliquo modo non contravenire. Item
si forte evenerit quod ullo tempore omnes vel aliquis eorum
dominorum vel nullus alius homo de Castellario dictos foros, usus
et consuetudines et dominationes omnes inferius scriptas et
recitatas voluerunt (*corr.* noluerint) tenere nec concedere nec
aliquo modo aut ullis temporibus [voluerint] contravenire, dicti
domini scilicet dom. Jordanus et domina Helionos, pro se ipsa
et filio suo, et Guillermus de Saishes et Arn. de Spraberiis et
omnes homines de Castellario, omnes insimul vel qui melius
poterit et scierit melius, faciat et dicat, debent et convenerunt

_____

(1) Le ms. offre évidemment après ce nom une lacune qui doit être comblée
au moyen de la liste rapportée aux art. 3 et 40 où l'on énumère, en effet, dans
le même ordre, les seize prud'hommes du lieu.

et concesserunt dictos foros, usus et consuetudines et dominationes omnes tenere, amparare et deffendere et in perpetuum observare et uni eorum omnium aliis, videlicet dicti domini hominibus de Castellario et ipsi homines dictis dominis [debent] ferre, facere et prestare consilium, vim et auxilium; ut foros, usus ac consuetudines et dominationes omnes supradictas et inferius scriptas et recitatas, modis omnibus, pro omni posse eorum, in perpetuum teneantur et observentur et minime removeantur.

3. — *Dex ou limites du château.* — In primis sexdecim probi homines supradicti, scilicet Monacus de Salzeto et Petrus de Saplaetad (1) et Forcius de Altezaco et Poncius de Altezaco, fratres, et Bernardus Arguanhatus et Petrus de Torgil et Petrus de Saplaetad et Sancius de Bozigas et Bernardus de Altezaco et Petrus de Podio et Guillermus de Lalomba et Guillermus Cabirollus et Petrus Lalomba et Bernardus de Lumbarda et Petrus de Mota et Forcius de Castellario et Ramundus de Negafontau, super ipsum sacramentum, dixerunt quod dex et terminum de dicto castello de Castellario sunt et tenent et debent tenere a dicto castello usque ad pirum de Maurimont a la clota de Pino, et inde recte usque ad rivum de Torrompel et usque ad fontem de Marquis et usque ad vallum de Forbarol et usque ad Bolbenam et usque ad Peyrosam à la clota Calzeal et usque ad quercum de Bozigas.

4. — *Division du château entre les coseigneurs.* — Item sexdecim probi homines, super sacramentum antedictum, dixerunt quod foros, usus et consuetudines et dominationes omnes ejusdem castri de Castellario sunt tales : dictus castellus est divisus, et in omni castello cum omnibus dominationibus ibi existentibus et pertinentibus dominus Jordanus habet tertiam partem et Bernardus de Astaforte, cum domina Helionos mater(-re) sua, et Guillermus de Saishes et Arnaldus de Sparberiis, cum omnibus eorum gasalhanis et parciariis habent ibi duas partes ; et quisque ex ipsis dominis scit bene suos homines.

5. — *Services et quêtes dus par les hommes de chaque seigneur.* —

---

(1). Il faut supprimer ici ce nom parce qu'il est répété plus loin dans la même liste.

Item servicia et casales dicti castelli sunt divisi et quisque ex
dominis scit suam partem ex ipsis serviciis et casalibus. Quisque
ex dominis de Castellario habet questam in suos homines ad suam
voluntatem et cognitionem ex denariis, una vice in anno, videlicet
secundum quod posse erit in illos homines, bona fide; et dicti
domini in ipsos homines non habent blandanda (*sic*) neque blada,
exceptis serviciis de bladó et vino de casalibus supradictis.

6. — *Des amendes et confiscations revenant à chaque seigneur
sur ses hommes.* — De omni clamore, quando dictis dominis vel
eorum certis bajulis factus fuerit [clamor], debent inde habere
quinque solid. justiciam; de omni plaga legali, unde eis clamor
veniat, LX sol. morlan.; qui fecerit homicidium et latronicium
probatum ille incursus est dominis et corpus illius est justiciandus
cognitione curie castelli; qui erit captus juste cum uxore maritata,
omnia bona et jura et res illius hominis et femine sunt incursi(-e)
dictis dominis, cognitione tamen curie castelli et persolutis prius
omnes(-ibus) baratas(-is) et debitas(-is). Verum tamen quisque ex
dominis de Castellario habet et habere debet omnia dicta incurrimenta et dictos LX sol. de dicta plaga legali et dictos V sol.
justiciam in suos homines et feminas, excepta omni parte quod
ibi non habent(-bet) ullus ex aliis dominis neque habere
debent(-et).

7. — *Droit accordé aux seigneurs de prendre des vivres avec
un délai pour le paiement.* — In omnibus hominibus et feminis,
qui tenebunt vendam panis vel vini vel carnis de mazello, habent
domini de Castellario spacium sperandi et terminum XV dies, cum
bono pignore vel cum bona fiducia, sine inganno; et transactis
illis quindecim diebus, illi qui pignus habebunt deinde possunt
illud vendere vel impignorare si voluerint, et si forte super sortem
inde habuerint debent illud totum reddere dicto domino illo de
quo dictum pignus erit. Sed nullus ex dominis de Castellario
habet vendam in omnibus hominibus aliorum dominorum de
Castellario de ullo blado, de ulla bestia, de vino neque ulla alia re,
si ipse in ipso castello habuerit vel in suis hominibus invenerit
neque ullo modo ibi habuerit. Verum tamen si forte evenerit quod
nullus ex dictis dominis de Castellario in ipso castello tali hora
venerit quod non possit mutere de die in villa Insule, vel si illi

subito hospes(-ites) habuerint (*corr.* venerint) vel alia magna
negocia, tunc ille dominus potest emere et debet, si·voluerit,
omnia sua necessaria ad comedendum ex hominibus et feminis
aliorum dominorum omnium, et ipsi tenentur ei vendere, tamen
si in hominibus vel feminis suis non invenerit neque ipse ibi
aliquomodo habuerit.

8. — *Interdiction aux seigneurs de faire des extorsions de vivres
et de fourrages ; et promesse de protection aux habitants par chaque
seigneur.* — Item nullus ex dominis dictis de Castellario non
debent forsare illum hominem vel feminam de Castellario de
alio domino, de pane neque de vino neque de carnibus, de palea
nec de feno, neque de ulla alia re. Insuper omnes domini de
Castellario debent, scilicet quisque eorum alii et eorum hominibus
omnibus et feminis et rebus, prestare, ferre et facere vim et
auxilium ubicumque loco intus dex et terminos supradictos de
Castellario ; et similiter homines et femine de Castellario, videlicet
quisque eorum alii intus dex et terminos supradictos. Si ullus
dominus de Castellario fecerit injuriam aliquam alio(-i) domino
vel suo homine(-i) vel femina(-e) vel in ulla alia sua re in dicto
castello de Castellario, cum suis pertinenciis, ille qui illam injuriam factam habuerit, si illam cognoscerit, quidquid illud sit,
debet illud totum reddere et restaurare alii, tan(-m) cito quoniam
poterit antequam pedes moveat ; si vero illam injuriam non
cognoscerit, quisque eorum dictis dominis de Castellario faciat
quod de jure fuerit alii, dicto et recognitione et judicio curie de
Castellario.

9. — *Le seigneur prend des choux et des porreaux dans les casals
de ses hommes.* — Quisque ex dominis de Castellario habet duas
vices in anno caulum(-es) de casalibus suorum hominum, videlicet
unam infolia(-o?) et aliam in crosso (1), et aliam de porribus,
si vero in ipsis casalibus illos invenerit, exceptis casalibus de
Altezaco qui sunt in illa parte castelli que est apud Insulam,
qui fuerunt dati per magnam clausuram castelli. Omnes casales

---

(1) La construction de la phrase paraît opposer ce mot à *folium ;* mais
Du Cange ne donne à cette forme aucun sens acceptable dans le cas présent,
et peut-être devons-nous corriger par *trossus* que cet auteur indique comme
synonyme de *caulis.*

dicti castelli de Castellario ubi ortalice ulle seminantur vel plantantur esse debent clausi pro dicto et cognitione et districto ipsorum dominorum de Castellario.

10. — *Amendes pour vols de jardinage attribuées au seigneur du coupable.* — Preterea justicia casalorum ubi ortalice ulle seminantur vel plantantur est talis : qui in ullo casali suorum vicinorum intrabat(-trat), si habet etatem, si aliquid inde tulerit et extraxerit, persolvat xii den.; si non extraxerit aliquid vel detulerit, iiii den.; si de nocte in dictis casalibus intraverit det v sol. justiciam. Et omnis dicta justicia istorum casalorum est illius domini de quo ille. homo vel femina erit quando dictos casales intraverit, restaurato tamen et restituto dampno toto primum illi homini cui in suo casali evenerit.

11. — *Gages de justice ou fiducies dus par les prévenus.* — Item omnes domini de Castellario habent, scilicet quisque in suis hominibus et feminis, fiducias quandocumque eis placebit et voluerit(-int), et quisque ex hominibus habent inducias ex ipsis fiduciis de mane usque ad vesperam et de vespera usque in mane, exceptis negociis conmunalibus.

12. — *Procédures lorsque les prévenus ne peuvent ou ne veulent fournir caution.* — Si vero talis est homo vel femina quod non possit habere fiducias, facto tamen juramento ab illo quod maneat et faciat suo conquerenti cognitione et judicio dicte curie castelli, debet judicari ab illa curia super se et suis rebus; si aliquis non vult dare fiducias suo domino omnia bona ejus et corpus similiter debet(-ent) stare et esse securi pro (*corr.* per) unum annum et unum diem infra dictos dex et terminos de Castellario, ita quod dominus ejus neque homo ex dictis bonis aliquid non capiant neque habeant, sed dominus ejus potest bene bandire si voluerit omnia bona ejus et corpus ejus capere ubicumque eum invenerit extra dictos dex et terminos de Castellario, et si illum ceperit debet illum reddire et aducere in ipso castello et in alio loco ; et, si fiducias quandocumque, intus dictum annum et diem, ille homo suo domino dederit, omnia bona et res et corpus ejus debet[-ent] esse manu levatum(-as), et posteà quod ille homo faciat jus cognitione dicte curie castelli. Si intus dictum annum et diem ille homo fiducias non dederit suo domino, exinde omnia sua bona

ejus sint incursa suo domino et corpus est justiciandus(-m), si
erit captus(-m), cognitione dicte curie castelli.

13. — *Droit sur le sel apporté par les étrangers.* — Si ullus
homo extraneus salem in ipso castello adducerit cum bestia suo
(*corr.* sive?) corpore, ex unaquaque dicta carga debent omni(-es)
dicti domini inde habere unam palmam correntem salis.

14. — *Part des seigneurs sur les sangliers, les cerfs et les abeilles
pris dans la localité, et amendes contre ceux qui empiètent sur cette
part.* — Item omnes domini de Castellario debent habere cemarios
ex omnibus porcis et cervis qui erunt ex una feis (1) vel de una
feis in antea, videlicet ex illis qui erunt capti in omnibus terris
et honoribus qui sunt et esse debent ex dominatione Castellarii ;
et debent habere similiter illi domini medietatem ex omnibus
apibus qui erunt tracte ex omnibus eorum nemoribus propriis.
Sed, si forte aliquis ex ipsis (2) dominis dictum cemarium vel
apem furaverint(-it), dicti domini debent inde habere v solid.
justiciam, si invenitur. Et ille qui dictum cemarium ceperit et
dederit debet illud deferre et tenetur ipsis dominis ad Castellarium,
et ille qui dictum cemarium detulerit debet inde habere unum
denarium vel unam fogasam ad electionem dictorum dominorum,
et si forte dicti domini ipsum denarium vel fogassam ei non
dederint, ille qui cemarium detulerit debet inde capere si voluerit
tantam carnem quantam unum denarium valeat.

15. — *Droit de forestage.* — Insuper si ullus homo in nemoribus propriis dictorum dominorum de Castellario aliquam fustam
quam vendat fecerit, ipsi domini debent indè habere forestagium
sicut de aliis hominibus extraneis.

16. — *De la construction et des ouvrages du château par les
habitants et les coseigneurs; réglementation du cas où l'un de ceux-ci
refuse de participer aux travaux.* — Item omnis castellus (3)
de Castellario debet operari, si opus fuerit, dicto et cognitione
et districto dominorum supradictorum omnium de Castellario,

---

(1) Avec le sens, croyons-nous, de *portée*, qui n'est, au reste, qu'une traduction
de *faisium* (Du Cange) et de *fais* (Bartsch, *gloss*).

(2) Nous pensons qu'il faut ajouter ici, pour compléter le sens : hominibus
de Castellario.

(3) Nous croyons devoir corriger ce mot par *castellanus*, habitant du château.

scilicet ex lignis [et] de terrâ, et operis(-ra) dicti castelli sunt
divise(-a), in quibus operibus ipsi domini bene sciut (*corr.* sciunt)
quid debent facere, et omnes homines ipsius castelli similiter,
quisque per eorum presas. Et omnes dicti domini debent operari
in ipso castello de Castellario, videlicet unusquisque eorum dicto,
mandamento et districto alius, si opus ibi fuerit. Verumtamen,
si ullus ex ipsis dominis operari noluerit vel non poterit, ille
dominus qui operari voluerit debet inquirere illos vel illum qui
operari noluerit vel non potuerit cum probis hominibus de Castellario, et debet ei dicere quod operetur in sua parte colli et opere ;
si vero ille dominus dicto et inquisitione alii(-ius) operarii(-ri)
noluerint(-it) et inde (1) ille alii(-ius) dominus potest facere
operari omnem partem alii(-ius) domini, et dicat et (*corr.* ei) quod
videat et faciat videre cui ei placebit dictam operam et omnem
missionem que ibi facta fuerit in sua dicta parte ; si autem ille
dominus, que operari noluerit, et (2) hoc totum facere noluerit
et recusabit, illec (*corr.* ille) alius dominus qui operari voluerit
exinde debet habere quatuor probos homines de Castellario et,
eis videntibus [et] scientibus, debet facere omnes missiones et
pagas in ipso opere de castello : verumtamen ille dominus qui
operari voluerit debet facere omnes dictas operas et pagas et
missiones bene fideliter et rationabiliter pro omni bona fide,
absque omni malo ingenio et dolo. Et factam(-ta) et perfectam(-ta)
omnem(-ni) dictam(-ta) operam(-a) illi vel ille qui illam factam
habuerunt debent venire aliis dominis vel illo(-li) domino qui
operari noluit, et dicat ei et roget quod hoc totum persolvat ei
et reddat sui auctoritate (3), facere noluerit vel non poterit exinde
ille dominus qui dictam operam factam habuerit potest capere
et habere, si voluerit, omnes questas et omnia servicia et jura
quos ille dominus [qui] operari noluerit habet aliquo modo in
ipso castello de Castellario cum suis pertinenciis, hoc totum
semper habere et tenere et explectare, donec totam dictam peccu-

---

(1) Au lieu de *et indè*, il faut lire sans doute *exindè*, qui reparaît un peu plus
bas dans un cas analogue.

(2) Ce mot peut être supprimé, à moins peut-être de le remplacer par *ex*.

(3) Ce passage paraît incorrect, et pour comprendre la suite de la phrase,
il faut lire : *et si facere*, etc.

niam, quam in dicto opere missam, sicut dictum est, habuerit,
recuperatam habebit. Persoluta tamen et reddita et illa tota
peccunia, illi domini vel ille dominus qui dictam operam facere
noluerit debet habere et recuperare omnia bona et jura sua que
ipse habebit in dicto castello de Castellario cum suis pertinenciis;
ita tamen et tali modo quod ulla servicia, questas vel alios fructus
et redditus quos inde ille dominus, qui dictam operam factam
habuerit, acceptas habebit vel aliquis pro eo non veniant neque
computentur in persolutione sue dicte pecunie. Insuper ille dominus qui dictam operam factam habuerit non debet inquietare
neque injuriare hominibus neque aliis rebus illorum dominorum
vel illius domini, qui dictam operam facere noluerit et dictam
peccuniam reddere et tenebitur, sed inde capiat et habeat omnes
questas et servicia et jura antedicta secundum consuetudinem et
ubi (corr. usum?) dicti castelli de Castellario, et rationabiliter,
bona fide dum in suo dicto pignore et posse erunt. Insuper si
forte evenerit quod ille dominus qui operari voluerit injuriam
fecerit in aliquo de rebus et pertinenciis de Castellario aliis dominis et domino qui operari noluerint, si illud totum certum fuerit,
non tenetur ille dominus qui illa injuria (1) deinde operari in
aliquo loco de castello donec omnia illa injuria fuerint ei restaurata et restituta.

17. — *Garde du château en temps de guerre.* — Item si forte
evenerit quod in castello de Castellario guerram vel timorem
habuerint, in ipso castello debet homo badare et custodire ipsum
castellum totum dicto et cognitione et districto ipsorum dominorum castelli supradicti; et in custode et in bado que logada fuerit
debent dicti domini dare terciam partem et homines duas partes;
et debent similiter ipso homines dare omnem comestionem dicte
bade. Verumtamen, si omnes domini vel unus de Castellario
[fu]erint et restam fecerint in Castellario, scilicet in festo Natalis
Domini vel Pasche vel in Pentecostes, dicta bada debet inde
habere ex unaquaque curia et domo dictorum dominorum unam
fogassam et unam sescalazon de carne, scilicet forte duo vel plures

---

(1) Il manque dans le texte un ou plusieurs mots répondant au sens de :
aurait souffert.

vel omnes dicti domini in dictis festis insimul erint et comederint in eodem castello dicta bada non debent inde habere nisi pro una curia et domo.

18. — *Travaux vicinaux.* — In castello de Castellario debent omnes homines operari vicinaliter in opera vicinali a festo Omnium Sanctorum usque in festo beati Johannis Baptiste, si vero ipsa opera ibi necesse fuerint, bona fide.

19. — *Partage, entre certain agent communal et les seigneurs, des droits de justice perçus à l'occasion des travaux du château et de la garde.* — Et justicia de opere et bada et de gueyta de Castellario est de omnibus hominibus de Castellario, videlicet de illo qui dictam badam et gueytam et operam mandabit, et ipsa justicia est de quatuor denar. ; sed ille mandator, qui dictos quatuor denarios habuerit et acceperit, quocienscumque illos habuerit et acceperit debet mittere unum hominem ad dictam operam vel badam vel gueytam usque ad precium de omnibus dictis quatuor den., et si forte aliquid ei inde superfuerit, sit suum. Si vero evenerit quod pro rixe(-a) que eveniat in dicta opera castelli vel si aliquis suum pignus dare noluerit, si jus (*corr.* jure?) in hiis inculpabitur aliquis, illi[s] qui ipsam badam et operam et gueytam mandaverint, et inde clamorem dicti domini habuerint ipsi domini debent inde habere quinque sol pro justicia, et ex illis dictis quinque solid. mandator antedictus debet habere quinque den.

20. — *Forge et porte du château (voir aussi les 2 art. suiv.), et droit de geôlage appartenant au portier.* — Item, fabricam et portas de Castellario debent tenere probi homines de Castellario, et est certum quales. Et si forte dicti domini ullum hominem captum in ipso castello adducerint, ille qui erit porterius debet illum hominem servare bene et custodire, si vero ipsi domini et (1) illum hominum condempnare voluerint; et debet habere unum denar. porterius, de milite et clerico quinque sol. et de omni alio homine quatuor denarios (2).

---

(1) De même que dans d'autres passages de la charte (art. 1 *in fine*, 16, 25), ce mot *et* paraît être inutile ou avoir tout au plus la valeur explétive de *etiam*.

(2) Les chartes qui, comme celle-ci (art. 20, 21), règlent les fonctions du portier, paraissent fort rares, et nous ne pouvons guère citer, à ce sujet, que

21. — *Fonctions du portier du château.* — Item porterii de Castellario debent omnes portas castelli firmiter custodire et servare ex sole colcant usque ad solem levantem, ita et tali modo quod ulla bestia inde non possit exire, neque nullus homo introire pro quo ullum dampnum ipso castello vel hominibus ibi manentibus eveniat; et si forte ulla bestia pro suis culpis inde exierit et ejus dominus tunc eam perdiderit dicti porterii debent eam emendare illi qui eam perdiderit.

22. — *De la forge et du forgeron du lieu.* — Item fabricam supradictam de Castellario debent tenere homines ejusdem generis qui est (*corr.* sunt) de Castellario, et est certum quales; et ullus dominus neque alius homo de Castellario non debet impignorare aliquid de aptamenta(-is) dicte fabrice pertinentia(-ibus) illi qui eam tenuerit, pro questis vel pro serviciis, pro debitis vel pro baratis vel pro alio modo. Et, si forte defecerit quod e dicto genere de fabrica ullus homo ibi non fuerit, ille dominus, in quo posse et dominatione dictus faber et fabrica erit, potest ibi alium hominem et (*corr.* in) ipsa fabrica mittere, et hoc tamen cum consilio et sciencia proborum hominum de Castellario, et talem vero qui faciat quod de jure fuerit facturum in ipso officio omnibus hominibus de Castellario; ipsi et similiter sin autem ille dominus illud facere noluerit tunc homines de Castellario exinde possint mittere in eadem fabrica illum hominem quem eis placebit et voluerint.

23. — *Exemption de charges pendant un an en faveur des nouveaux habitants.* — Preterea omnes homines qui venient stare in eodem castello de Castellario debent ibi esse et stare libere per unum annum et diem de omnibus questis et serviciis et omnibus operibus vicinalibus.

24. — *Du choix d'un seigneur par ces nouveaux habitants.* — Et si voluerint ipsi homines debent eligere dominum ad eorum voluntatem infra dictum annum et diem cum quo semper deinde sint in castello antedicto; si tamen illud facere noluerint debent

celles de Prayssas, de Pouy-Carréjalard (Pouy-Roquelaure) et de Bivès. — Il y aurait, du reste, à faire ressortir l'intérêt de bien d'autres dispositions contenues dans les cout. du Castéra si notre cadre n'excluait pas en ce moment les remarques de ce genre.

esse semper illi homines exinde cum omnibus dictis dominis comuniter. Et si ullus ex dictis dominis ibi hominem adduceret ille homo debet esse cum illo domino, absque omni portione aliorum dominorum.

25. — *Des bordiers, de leur condition et de leurs charges.* —. Insuper, si ullus homo de Castellario aliquem hominem in ipso castello adducere voluerit et poterit, possit hoc facere et eum mittere et casare in suis domibus et terris et honoribus; et ille talis homo dicitur ibi et appellatur bordarius; et debet ibi esse et manere libere de omnibus questis et serviciis et de operibus vicinalibus unum annum et diem, et, transacto illo anno et die, ille homo qui dicitur bordarius tenetur dare et reddere illo domino, cum ille(-o) suis(-o) dominus(-o) in quo (cujus?) posse ipse borderius erit et permanebit, omnes justicias et incurrimenta si ibi evenerint sicuti et alii homines illius domini. Verumtamen ille dominus sui domini neque ullus aliorum dominorum non debet forsare illum hominem qui dicitur borderius in aliquo set sit ibi ille borderius libere semper, sicut dictum est.

26. — *Liberté pour tout nouvel habitant et pour tout bordier d'abandonner la localité.* — Item, si ullus ex alienis et ex istis borderiis supradictis aliquando vel ullo tempore a dicto castello recedere voluerint, possint illud facere, et tunc domini et homines de Castellario debent illum hominem et omnia ejus bona et jura recuperare, deffendere et guidare à semetipsis et ab omnibus eorum amicis et inimicis unam jornadam, nisi ipse (*corr. sans doute ces deux mots par :* versus quam partem) ire voluerit, secundum posse eorum pro omni bona fide.

27. — *Mariages des filles en dehors de la seigneurie, autorisés seulement si les biens-fonds de la tenure ne sont pas compris dans la dot.* — Insuper omnes femine de Castellario, sive habeant dominum aut non habeant, sive sint [ex] alienis vel ex bordariis, possunt nubere et virum capere si voluerint in alia dominatione, in dicto castello de Castellario, vel in alio loco ubicumque eis placuerit et voluerint, extra dictum castellum; et pater vel mater vel alii amici illius femine possunt ei dare cum illo marito et in ipso matrimonio quidquid eis placuerit et voluerint ex eorum bonis [et?] lucris, exceptis illis terris et honoribus qui de eorum

domino erunt et permanebunt, absque omni obstaculo et impedimento quem illius (ullus?) dominus de Castellario eis non faciat ullo modo [et] loco, aliquo tempore.

28. — *La veuve qui veut rentrer dans la seigneurie qu'elle a quittée en se mariant doit y rapporter tous ses biens, mais les enfants restent au seigneur de son mari.* — Item si ulla feminarum ex istis que ita erunt maritate in ipso castello de Castellario, mortuo viro suo, aliquando in casale et honore et dominatione unde exsivit reddire voluerit, possit illud facere, et debet cum omnia(-ni) sua peccunia et jura(-e) et cum omnibus bonis suis et rebus tam mobilibus quam inmobilibus, que tunc habuerit. Infantes vero omnes qui de ea exierunt et de ipso viro habuerint(-it) qui vixerint debent esse et remanere in illa dominatione de qua erat et esse debebat pater eorum.

29. — *Les femmes qui sont allées se marier en dehors du Castéra peuvent y rentrer avec leur famille et leurs biens sous la seigneurie dont elles relevaient; leurs filles peuvent aussi revenir dans cette seigneurie, mais par mariage seulement.* — Et ille femine que de dicto Castellario exierint in matrimonium, sicut dictum est, si forte ullo tempore in eodem castello reddire voluerint, possint illud facere, et debent venire et reddire cum suis viris et infantibus et bonis omnibus et juribus, que tunc habebunt, sed sint et veniant in eadem dominatione unde exierunt. Preterea si ulla filia ex istis feminabus, ita maritatis in eodem castello de Castellario, nunquam vel aliquando in illa dominatione et honore et aliunde mater sua exivit reddire et esse voluerit, potest illud facere, et debet facere et debet, si voluerit, ratione et nomine matrimonii et non aliter, secundum usum vero et consuetudinem dicti castelli.

30. — *Les seigneurs n'ont pas de four banal, et la garde des animaux est aux habitants.* — Item domini de Castellario non habent furnum suum proprium in quo homines de Castellario debeant et teneant[ur] cozer suum panem, extra eorum voluntatem; neque habent eorum gardam specialem, in et istis bestiis parvis neque magnis, in eodem castello de Castellario; ymo omnes homines et singuli de Castellario possunt habere et debent furnos suos proprios in quos possunt cozer suum panem vel unus cum alio, si voluerint; et debent custodire similiter si voluerint

homines de Castellario vel tradere ad custodiendum cui ipsi voluerint omnes suos porcos et oves et omnia eorum animalia.

31. — *Nomination du gardien des récoltes par la communauté et tarif des délits ruraux.* — Item custodiam de messegaria debent habere et mittere homines de Castellario in dicto castello, quandocumque eis placuerit et voluerint, absque consilio dominorum suorum et eorum bajulorum de Castellario. Et messegarius debet habere et trahere ex quoque homine et femina, quando invenerit in tala, quatuor den. ex bove, unum denar. de vaca et de asino et asine et de porco obolum, et de ove unum ovum (?) ; et [ex] omnibus istis nunciis de messegariis dictus messegarius debet habere medietatem, et ille cui ipsa tala fuerit facta aliam medietatem, et debet ei similiter ipsa tala esse restaurata et restituta. Et ipsi domini de Castellario debent destri[n]gere, videlicet quisque suos homines omnes (1) dictam justiciam de dictis talis et messegueriis ; et si dicto messegario aliqui suum pignus dare noluerint, ratione et nomine dicte tale et messegarie, et ille messegarius qui tunc erit alicui bajulorum dictorum dominorum inde clamorem (*ajoutez* fecerit), domini supradicti debent inde habere quinque solid. pro justicia, et ipsa justicia est dominorum supradictorum seu unicuique in suos homines.

32. — *Les seigneurs tiendront les chemins libres.* — Insuper carrerias et stratas publicas omnes et locum, qui dicitur prohibitus, domini supradicti debent tenere (?) ut sint deliberatas et absque omni impedimento.

33. — *Droits d'usage des habitants dans les bois des seigneurs.* — Item omnes homines permanentes et habitantes in castello de Castellario possint habere, trahere et talhare, libere et absque omni forestagio quod non dent alicui viventi, omnia ligna et magna (*sic*) ad omnia eorum necessaria, in omnia nemora dominorum et hominum omnium de Castellario predictorum pro (2) vineis et bladis et pratis et casalibus.

34. — *Droit de pacage des habitants.* — Item, omnes homines

_____

(1) Sous entendez : *pour* ou *à raison de.*
(2) Ne faut-il pas remplacer ce mot par *preter talas de,* comme à la fin de l'art. suivant.

stantes et habitantes in castello de Castellario habent et debent habere explectum et padoensa ad opus et necessaria omnium suorum (1) et (*corr.* in) honoribus tam cultis quam incultibus *(sic)* et nemoribus dicto castello de Castellario pertinentibus, preter talas de vineis, bladis et pratis et casalibus. Verumtamen ullus dominus de Castellario non debet [*suppléez s. d.* mittere] dextraneis (*corr.* extraneos) hominibus(-nes) aliquo tempore neque ullo loco in pascua neque in dictas padoensas de Castellario, sine consilio hominum de Castellario.

35. — *La cour du lieu rend la justice aux habitants ou aux autres hommes et aux seigneurs; et si le cas le requiert, elle a recours à un conseil.* — Insuper curia de Castellario debet esse bone(-a) et firme(-a) et hominibus de Castellario et aliis hominibus omnibus similiter qui ante eos venerint; et si dicti domini de Castellario vel ulli alii homines, pro aliqua causa vel discencia (*corr.* discessione?) que inter eos evenient, ante dictam curiam de Castellario venerit(-nt), ipsa curia debet eos audire et judicare bene fideliter et recte, secundum eorum sensum et scienciam atque secundum dictos usus, foros, consuetudines et dominationes omnes. Verumtamen si ipsa curia forte aliquando consilio indigerit, inquirat eum dicta curia et habeat prout scierit et poterit, pro omni bona fide, et habito illo consilio, videlicet (*corr. par* judicet?) bene fideliter et recte illos omnes qui ante eos venerint.

36. — *Du partage des biens s'il n'y a pas de testament.* — Item, si ullus homo de Castellario forte morte subitanea obierit, omnia bona ejus et jura sunt et esse debent de suo domino, si tamen infantem vel alium heredem ille homo non habuerit, persolutis tamen prius omnibus suis debitis et baratis ad suam sepulturam.

37. — *S'il n'y a pas d'enfants, on ne peut disposer par testament que des meubles et des profits; les immeubles restent à qui de droit.* — Preterea si aliquis de dictis hominibus omnibus de Castellario nunquam nec aliquo modo suum testamentum facere et disponere voluerit, potest illud facere et debet, et si infantem non habuerit

---

(1) Ici le ms. que nous copions renvoie en marge la note suivante : « Sic repertum imperfectum usque ad hec verba in ultima linea hujus pagine scripta, de dictis hominibus omnibus de Castellario ». Voir art. 37.

potest dare et disponere de suis bonis et rebus mobilibus ac de
omnibus suis lucris, ubicumque et cui ei placuerit, in dominatione
sua ; et terre omnes et honores quos tenuerit de suo dominio sint
et remaneant cui remanere debuerint.

38. — *En cas de passage de l'un des seigneurs, il peut loger
avec ses bêtes chez ses hommes et même chez ceux des coseigneurs
moyennant une mesure de grain.* — Item quando aliquis ex dominis
de Castellario venerit in eodem castello cum multa societate
vel cum parva, debet venire et stare et omnes suas bestias mittere
in domibus et locis de suis hominibus, sed si forte evenerit quod
tanti sint sui socii et sue bestie quod domos de suis hominibus
eis non possint sufficere, tunc ille dominus potest mittere de illis
bestiis in omnibus aliis domibus hominum aliorum dominorum
omnium ; et omnes homines de Castellario habent et habere debent
unam untam (*corr.* concam ?) ex unaquaque bestia, quisque in sua
domo, ex illo blado quando ipsa bestia comederit.

39. — *Les seigneurs ont la bouade dans le lieu en fournissant
la nourriture.* — Item omnes domini de Castellario habent et
habere debent boadam in ipso castello de Castellario, videlicet
quisque eorum in suos homines, una vice in anno, si vero illi
domini suum bladum proprium ibi seminare et facere voluerint.
Et debent ipsi domini omnibus boveriis qui illos boves sequntur
dare ad comedendum per totum illum diem, secundum quod illa
dies erit et dederit.

40. — *Les seigneurs et les habitants jurent tour à tour d'observer
les coutumes sus énoncées.* — Hiis igitur ita factis et positis et
a dictis sexdecim probis hominibus retractis et recitatis, ut melius
superius legitur et continetur, dicti domini, videlicet Jordanus
supradictus dicens et recognoscens et mandans per fidem suam
et super sacramentum et juramentum, quem ipse dictus Jordanus
ibidem in presenti sua sponte dixit et recognovit et concessit
se propter illud factum totum alia vice super sancta quatuor Dei
envangellia jurasse, promisisse et mandasse, et domina Helionos,
pro se ipsa et Bernardo de Astaforte, filio suo, et Guillermus de
Saisses, et Arnaldus de Sparberiis, eorum bona, libera ac spontanea voluntate, pro se ipsis atque pro omni eorum ordinio
presenti atque futuro, per fidem suam et super sancta IV Dei

euvangellia jurantes, promittentes et mandantes, dixerunt, promiserunt et affirmaverunt se in perpetuum aliquo modo in aliquo
non contravenire. Insuper xvi probi homines supradicti, scilicet
Monacus de Salzeto et Fortis de Altezaco et Pontius de Altezaco,
fratres, et Bernardus Arguanhatus, et Petrus de Torgil, et Petrus
de Saplanetad, et Sancius de Bozigas, et Bernardus de Altezaco,
et Petrus de Podio et Guill⁵ de la Lobera (*ou* Lomba?), et Guillermus Cabirollus et Petrus de La Lamba (?) et Bernardus de
la Lumbarda et Petrus de Mota et Forcius de Castellario et
Ramundus de Negafontano, eorum bona, libera ac spontanea
voluntate, pro se ipsis atque pro eorum ordinio presenti atque
futuro, et pro omnibus aliis hominibus de Castellario, per fidem
suam et super sancta quatuor Dei envangellia jurantes, promittentes et mandantes, dixerunt et promiserunt et affirmaverunt
se imperpetuum universa et singula supradicta tenere et custodire
et observare et imperpetuum aliquo modo in aliquo non contravenire.

41. — *Date.* — Hoc fuit factum, sicut superius est dictum,
mandatum et juratum, duodecimo die exitus mensis novembris,
regnante Ludovico, rege Francorum, Ramundo comite Tholosano
et Ramundo episcopo. Anno ab incarnatione Domini M°CC°XL°.

42. — *Témoins de l'acte et légalisation de sa rédaction par le
viguier et les consuls de l'Isle.* — Hujus rei sunt testes : dominus
Odo de Tarrida, pater dicte domine Helionos, et Arnaldus de
Marauliad et Fortanerius de Saubolea de Calzio et Pontius de
Crosa et Petrus de Malsamonte et Arnaldus de Galeciano et
Bernardus Galterius, qui de hoc negocio mandamentum acceperat
ad faciendum inde cartam, sed, cum mors ei evenerit antequam
illam scripsisset, Arnaldus de Bonahora juxta tenorem materie
invente scripte et non damnate in papiro dicti Bernardi Galterii,
hanc cartam scripsit mandato et cognitione et auctoritate Arnaldi
de Galeciano, viccarii Insule, et consilium (*corr.* consulum)
ejusdem ville, scilicet Garsie Guillermi de Montebruno et Guillermi Ramundi de Ricaconnera et Gill¹ Estaraguesii et Arnaldi
de Quartmesano et Galeciani, juvenis, et Petri de Durando et
Guillermi de Tornerio et Guillermi de Bordis, juvenis, qui vicarius
et consules judicio cognoverunt et dixerunt quod hec presens

carta habeat in perpetuum eamdem efficatiam et valorem ac si dictus Bernardus Galterius, existens vivus, illam sua manu propria scripsisset. Hoc fuit ita a dictis vicario et consulibus judicio cognitum quinto decimo die introitus mensis maii, regnante Ludovico rege Francorum, Ramundo comite Tholosano, Ramundo episcopo. Anno ab incarnatione Domini M°CC°XLI°. Hujus dati et judicii et recognitionis sunt testes viccarius et consules prenominati et Bernardus Guillermus de Marquesia et Constantinus Probushomo, et Arnaldus de Marquesia et Guillermus Pala et Fortius de Guillamota (?) et idem Arnaldus de Bonahora qui mandato et cognitione vicarii et consulum supradictorum cartam istam scripsit.

(Copié par le notaire Fourès sur le livre en parchemin des archives de la seigneurie de l'Isle).

COUTUMES DE SAINTE-MARIE-DU-DÉSERT.

1273.

———

L'église de ce nom, aujourd'hui dans la commune de Bellegarde, canton de Cadours, reçut un legs que lui fit Jourdain de l'Isle, dans son testament de 1200. Sept ans plus tard, Isabelle et A. de Cobirac livrèrent en engagement à M. Murel tout ce qu'ils avaient au Castéra et dans l'alleu de Sainte-Marie-de-l'Herm. Vers le milieu du XIIIᵉ siècle, G. de Saisses et I. de Maurens possédaient des droits dans ces mêmes localités et ils les vendirent alors à Jourdain de l'Isle. Enfin B. de Sauzet est mentionné comme ayant à Sainte-Marie quelques biens qu'il transmit, en 1272, à R. Argagnat.

Les officiers municipaux de Sainte-Marie ne sont pas nommés dans la charte de privilèges qui fut accordée à cette *bastide*, et dont nous donnons le texte ; mais en 1289 les procureurs du nouveau seigneur de ce lieu y reçurent l'hommage de son bailli et de ses deux consuls.

———

2 AVRIL 1273.

INSTRUMENTUM CONSUETUDINUM DE SANCTA MARIA HEREMA.

(Arch. de Tarn-et-Gar. Fonds d'Armagnac, Saume de l'Isle, f. 348 vᵒ. — Copie du XVIᵉ siècle.)

1. — Noverint universi presentes pariter et futuri quod nobilis vir dominus Jordanus, Insule dominus, pro se ipso et successoribus suis dedit et concessit et statuit in perpetuum consuetudines, constitutiones, libertates, positiones et stabilimenta imperpetuum valitura hominibus et feminis habitantibus apud Sanctam-Mariam-Heremam, presentibus et futuris, has videlicet subnotatas.

2. — *Pour chaque feu ou ménage particulier il sera payé trois sous d'affitage par an.* — In primis statuit et stabilivit quod uterque habitantium predicti loci presentium et futurorum et

mulierum captennum seu captennia (1) tenentes seu tenencium in
dicto loco de Sancta Maria persolvant et tribuant predicto domino
Jordano et suis successoribus imperpetuum annuatim, in festo
omnium sanctorum, tres solidos tur. nigrorum bonorum et percur-
ribilium pro affitagio (2) sine plure.

*3. — Relativement aux amendes et à la reddition de la justice,
les habitants jouiront des mêmes coutumes que ceux du Castéra; mais
ils ne seront assujettis à aucun droit de quête ou autre, sauf l'affitage
susmentionné.* — Item dedit et concessit eis et successoribus suis
et habitatoribus ejusdem loci presentibus et futuris universis et
singulis consuetudines, videlicet, de clamoribus et justiciis clamo-
rum, de legibus et justiciis vulnerum legaliter (-ium) et sanguinis
effusionum, de messegariis et aliorum universorum et singulorum,
quas homines de Castellario habent scriptas; hoc excepto quod
nullus habitantium bastide loci predicti de Sancta Maria aliquo
modo nec aliquo tempore teneantur nec contribuere nec persolvere
predicto Jordano nec suo ordinio aliquid pro questa nec nomine
queste nec aliquid aliud pro afficagio nec pro questa nec (*corr.* sed)
quod uterque habitantium dicti loci ibi tenens captennum teneatur
dare et persolvere tantum predicto domino et successoribus suis
tres sol. tur. nigrorum, ut est dictum, pro afficagio.

(1) On doit traduire *captennum* ou *captennium* par maison habitée ou habi-
tation de famille, ménage, ainsi que le montrent deux ou trois articles de la
coutume de Mauvezin (éd. par M. Bladé, p. 131), où l'on voit que *captinna*
est donné comme un équivalent de famille faisant sa dépense séparée. Conférez
d'ailleurs les dispositions analogues des chartes du Castéra-Bouzet, p. 103, et
de Bivès, art. 16, 45.

L'expression *captennum*, avec le même sens que ci-dessus, reparaît à une
lettre près dans un acte de Monferrand, du milieu du xiiie siècle, qui porte que
tout homme franc possédant un logis ou maison « que vulgariter capdennum
vocatur » , devra être pourvu de certaines armes pour la défense du château.

(2) Ce mot qui est écrit plus bas *afficagio*, se trouve aussi sous ces deux
formes dans du Cange (vo *afficavagium*), et on ne sait pas trop s'il faut le faire
dériver de *affictus, fictus* (cens) ou du mot gascon *fita* ou *hita* (M. Luchaire, *Rec.
de textes*, et Bladé, *Cout. du Gers*, p. 219). Quoiqu'il en soit, les coutumes de
Bivès, art. 16 et 45, font aussi mention de la redevance de l'affitage, perçue en
grain sur chaque chef de famille, et on retrouve encore une servitude semblable,
mais sans nom particulier à Monferrand, à Auradé, Thil, Aguin, Mauvesin,
Castéra-Bouzet, etc. Ce droit féodal, d'après ses caractères, paraît pouvoir être
confondu avec ce que l'on appelait ailleurs le *fouage*.

4. — *Le seigneur se réserve dans ladite bastide toute juridiction haute et basse.* — Retinuit tamen idem dom. Jordanus sibi et suis in predicta bastita et super habitantibus ibi presentibus et futuris suam omnimodam juridictionem, majorem et minorem, merum et mixtum imperium, excepto quod pro questa nec nomine queste ibi sibi nec suis nichil reservavit apud Sanctam-Mariam-Heremam predictam nec habitantibus ibi.

5. — *A la prière du seigneur justicier, certains propriétaires fonciers et leurs colons ou fermiers (?) concèdent aux habitants, moyennant censive, des champs et des locaux de maison.* — Preterea Ramundus de Altezaco, filius Fortis de Altezaco, probi hominis, et Guillermus de Altezaco, filius Dominici de Altezaco, pro se ipsis et pro suis gasalhanis (1), ad instanciam et preces predicti dom. Jordani, dederunt et concesserunt ad feudum universis et singulis habitantibus dicti loci, inferius nominatis, et dare et concedere in feudum ibi viventibus (*corr.* venientibus?) causa morandi ibi permanserint et captennia ibi tenebunt promiserunt et convenerunt singula domorum loca de quatuor brachiatis de amplo et de duodecim brachiatis de longo, cum suis clausuris, et singula casalia ejusdem quantitatis, latitudinis et longitudinis, cum sex denar. tholosanos obliar., quos uterque reddant inde eis et suis gasalhanis annis (*corr.* annuatim), in festo Pasche Domini, et sex den. tol. obl. reacapte, quando evenerit; et singula aripenta terre ad vineas ibi faciendas, ita quod uterque similiter teneatur eis et suis gasalanis reddere annuatim in dicto festo Pasche sex den. tol. obliar. et sex. den. tol. reacapte, quando evenerit; et similiter singula aripenta terre ad opus pratorum, si in territorio de Sancta

---

(1) Nous pensons que ce nom, que l'on a vu déjà employé dans la charte du Castéra, art. 4, désigne dans les deux cas des sortes de *colons partiaires* ou *tenanciers à moitié fruits*, encore appelés *gasallias* dans le patois languedocien de certaines régions (Voyez les gloss. qui accompagnent les œuvres de Goudelin, 1647, 1811, et aussi le *Diction.* de l'abbé de Sauvages) et notamment des environs et de l'est de Toulouse. Si la même expression, avec la signification que nous venons d'indiquer, ne paraît pas être répandue dans la Gascogne proprement dite, on l'y trouve employée cependant comme synonyme de preneur à cheptel (Du Cange, vᵒ gasalhanus; et *Dict. gasc.* de Cénac-Moncaut, vᵒ gazailhan); mais il n'y a pas lieu de croire que ce second sens soit celui qui s'applique aux *gasalhans* du Castéra et de Sainte-Marie.

Maria predicta poterunt inveniri terre apte ad faciendum predicta, ita quod uterque reddant eis et suis gasalhanis sex den. tol. obl. annuatim, in eodem festo, et sex den. tol. reacapte quando evenerit.

6. — *Les habitants reçoivent aussi des mêmes coseigneurs ou propriétaires et de leurs colons, moyennant l'agrier, toutes les terres qu'ils pourront défricher.* — Et similiter (lesd. Altezac concédent aux habitants) omnes terras et honores quas ipsi et sui gasalhani habent in territorio de Sancta Maria, quas videlicet de ipsis suis terris et honoribus poterunt excolere et extirpare ad facienda blada, ita quod reddant eis et suis agrarium de omnibus bladis que ibi fuerint, in grano vel in garba, ad electionem dominorum feudorum, in ipsis feudis, et unum den. tol. reacapte de quaque conquata, quando evenerit. Et similiter predictus dominus Jordanus dedit et concessit eis ad feudum, universis et singulis habitantibus, terras suas incultas quas de predicta bastida exeundo et in sero redeundo poterunt extirpare, ad agrarium, ut superius continetur, quod agrarium debet esse nona pars.

7. — *Si le seigneur justicier acquiert par confiscation des possessions relevant des autres coseigneurs fonciers, il est tenu de se dépouiller de ces biens au bout de l'année.* — Et preterea predictus . dom. Jordanus mandavit et promisit predictis Ramundo et Guillermo de Altezaco, pro se ipsis et suis gasalanis recipientibus, quod si forte contingerit aliquem vel aliquam habitantium dicte bastide Beate Marie comittere aliquid crimen pro quo dicto domino vel suo ordinio vel successoribus bona illius seu illorum venirent in commissum et ille vel illa seu ille vel illi tenerent aliquod feudum seu feuda ab ipsis Ramundo et Guillermo vel ab altero eorum vel altero suorum gasalhanorum, quod infra caput anni unius illud vendiderit seu vendi fecerit vel eis ibi feudatarium assignabit seu feudatarios, qui illud feudum ab ipsis tenebit ad modum in eorum instrumentis feudalibus contentum.

8. — *Ledit seigneur permet à tous les habitants de prendre du bois et de faire depaître dans ses forêts, à la condition qu'ils rentreront chaque soir avec leurs animaux dans la bastide.* — Et similiter predictus dominus, pro se ipso et suis successoribus, dedit et concessit in perpetuum universitati loci predicti presenti et future

et singulis de eadem universitate talhoum (*corr.* tallivum)· (1)
lignorum et fustorum ad opus suorum omnium necessariorum,
libere, sine venda, in nemoribus ipsius dom. Jordani, et explectum
aquarum, foliorum, herbarum et pascuorum, fructuum silvestrorum
et domesticorum ad opus suorum omnium animalium, de predicta
bastida tamen mane exeundo et in sero ibi redeundo, libere, sine
omni forestagio.

9. — *Promesse par le seigneur d'observer fidèlement les concessions ci-dessus.* — Que quidem omnia predicta et singula dictus
Jordanus mandavit et convenit firmiter et promisit omnibus
inferius nominatis, pro se ipsis et suis successoribus et habitatoribus loci ejusdem presentibus et futuris recipientibus, se tenere
et perpetuo observare, et a suis facere teneri et perpetuo observari, et nunquam· contra facere vel venire; et similiter quod a
predictis Ramundo et Guillermo de Altezaco omnia per ipsos
predicte universitati data et concessa et promissa faciet eis teneri
et observari fideliter bona fide.

10. — *Les habitants acceptent lesdites coutumes et prêtent serment
de fidélité au seigneur justicier.* — Insuper Petrus Duran et Petrus
Duran, filius, et Johannes Bonaunt et Abvillus et Bernardus de
. Bordis et Gaufredus Golmar. et Ramundus Delsplas, habitatores
tunc dicte bastide de Sancta-Maria-Herma, pro se ipsis et suis
successoribus, dictas consuetudines, libertates, positiones et stabilimenta a predicto dom. Jordano eis datas et concessas, receperunt
et a predictis scilicet Ramundo et Guillermo eis datum et concessum et promissum, prout superius sunt expressa; et promiserunt
dicto Jordano, pro se ipso et suis successoribus stippulanti, fideli-
tatem, vitam et membra et impendere ei et suo ordinio auxilium,
consilium et juvamen omnibus locis et ubique, salvis eis et successoribus suis et habitatoribus ejusdem loci presentibus et futuris
. consuetudinibus, libertatibus et positionibus supradictis. Et hoc
totum ad sancta evvangellia juraverunt, scilicet homines supradicti dicti loci habitantes.

Hoc fuit factum secundo die introitus mensis aprilis, regnante

---

(1) Voyez aux mots *tallivus* et *explectivus* dans Du Cange, où ces mots sont
mal définis et devraient être rapprochés de *expleta*.

Philippo Francorum rege, et Bertrando, episcopo Tholosano. Anno ab incarnatione Mᵒ CCᵒ septuagesimo tercio. Horum omnium sunt testes domini Bernardus de Marestagno et Guillermus de Castronovo et Ramundus Guillermi Escoti et Geraldus de Gofas, milites, et Petrus Ancelli et Guillermus Ramundi, publicus Insule-domini-Jordani notarius, qui cartam istam scripsit.

(Transcrit par P. Fourès sur une copie notariée de 1287.)

COUTUMES DE THIL ET BRETX.

1246 ET 1256.

Les lieux de Thil et de Bretx, anciennes dépendances du Gimoès, furent apportés en dot à Jourdain II de l'Isle par Escarone, fille du vicomte de Terride, avant 1148. Ces domaines restèrent dans le cours de ce siècle aux seigneurs de la ville même de l'Isle-Jourdain ; mais dans le commencement du suivant ils échurent par succession à l'une des branches cadettes de la famille, et c'est ainsi qu'ils formaient la seigneurie particulière de Raimond-Jourdain, en 1246. Après la mort de ce seigneur, arrivée dix ans plus tard, sa succession fut longtemps disputée entre le seigneur de l'Isle et ses cousins, Isarn-Jourdain et Oton de Terride ; mais le premier, qui était déjà entré en possession dès 1256, parvint à se faire adjuger les biens en litige, et ses descendants les conservèrent dans la suite.

Quoique Thil et Bretx formassent deux villages distincts, ayant chacun son église et même ses consuls, ils étaient, aux XIIe et XIIIe siècles, réunis sous les mêmes maîtres, et ils jouissaient, comme on va le voir, des mêmes chartes de privilèges.

---

27 MAI 1246.

CONSUETUDINES CASTRI DE TILIO.

(Arch. de Tarn-et-Gar. Fonds d'Armagnac, Saume de l'Isle, f. 315. — Copie du XVIe s.)

1. — *Introduction.* — Noverint universi pariter et futuri quod hec [sunt] consuetudines, constitutiones sive libertates quas dominus Ramundus Jordanus de Insula, filius condam domini Otonis de Terrida, dedit et concessit omnibus hominibus et feminis castri de Tilio et de Bretz, presentibus et futuris.

2. — *Disposition des biens par testament; gain de survie en faveur de chaque conjoint.* — In primis igitur prefatus dom. Ram.

Jordanus constituit sive stabilivit quod si aliquis homo vel femina de dictis castris de Tilio et de Bretz deccedebat sine filio vel filiis seu filia vel filiabus, quod possit facere testamentum et in illo testamento dimittere et ordinare omnia sua bona cuicumque sibi placuerit, persoluta dote uxori sue, si dotem habuerit; si vero dotem non habuerit et supervixerit viro suo, instituit quod medietas bonorum mobilium sit et remaneat uxori pro omni sua voluntate inde facienda; si autem vir supervixerit uxori, instituit quod omnia illa que uxor eidem viro dederat ratione sui matrimonii sint et remaneant viro pro omni sua volumtate inde facienda:

3. — *Distribution des biens s'il n'y a pas de testament.* — Si autem aliquis vel aliqua dictorum castrorum sine testamento decesserit et habuerit filium vel filiam seu filios vel filias, instituit quod bona illius deffuncti sint et remaneant filiis et filiabus suis de legitimo matrimonio procreatis. Si autem aliquis vel aliqui(-a) dictorum castrorum sine testamento decesserit sine filio et filia et filiis et filiabus, instituit quod primo sepelliantur de bonis suis mobilibus cognitione consulum castri cujus fuerit et bajuli, sive fuerit de Tilio vel de Brez, vel cognitione duorum proborum hominum ejusdem castri de quo fuerit et bajuli, si consules ibi non fuerint; et de bonis illius deffuncti vel deffuncte habeat opus ecclesie cujus fuerit parrochia terciam partem de bonis mobilibus et propinquiores parentes aliam tertiam partem et dominus aliam terciam partem, et bona inmobilia remaneant propinquioribus parentibus; si vero parentes non habuerit, quod remaneant domino.

4. — *Les plaintes pour méfaits clandestins ou autres pourront être faites aux consuls.* — Item instituit prefatus Ram. Jordanus quod si alicui homini vel femine dictorum castrorum maleficium factum est in abscondito, quod vocatur vulgariter malafayta rescostanha, vel etiam si maleficium illud fit publice et manifeste, quod ille vel illa qui maleficium substinuerit possit libere conqueri consulibus illius castri cujus ipse fuerit, sine aliquo damno quod non eveniat ullo modo.

5. — *Les plaintes portées devant les consuls ou le bailli seront accompagnées du serment.* — Item instituit prefatus Ramundus

Jordanus quod quicumque homo vel femina de dictis castris fecerit clamorem coram consulibus dictorum castrorum vel bajulo eorum, quod illum clamorem faciat coram ipse(-is) juratus.

6. — *Les témoignages en justice seront donnés sous serment et en secret.* — Item instituit quod omnis homo et femina de dictis castris qui fecerit testimonium faciat illud juratus seu jurata, et quod consules sive bajulus inquirant unumquemque testem sigillatim, ita quod testimonium unus (1) non audiat alter, sed quilibet solus per se faciat testimonium coram eisdem consulibus vel bajulo.

7. — *Fixation du gain qu'il est permis de faire aux bouchers et du droit du seigneur sur le débit de la viande; amende contre les infracteurs de ces dispositions.* — Item statuit quod omnis macellarius de Tillio et de Brez vel quicumque interfecerit porcos in dictis castris, causa vendendi, seu (*corr.* scilicet in?) porcum, qui (*corr.* quod) in unoquoque solido possit lucrari unum denarium morl. et ventrem porci seu porcorum, et totidem in vaca et bove et ultra capud et pedes et senbum (*corr.* sebum), et totidem in ove et capra et ariete, et hoc sine plure quod ibi carnifex non lucretur. Et quod omnis homo et femina qui in dictis castris porcum seu porcos interfecerit causa vendendi reddat lumbos porci seu porcorum legales domino ; si vero non reddebat legales lumbos domino, quod teneatur in quinque sol. morl. domino pro justicia, et hoc si probatus fuerit seu devictus. Item instituit quod si aliquis macellarius vel alius, qui in dictis castris vaccam, arietem, ovem, capram interfecerit et plus lucratus fuerit in illis quam superius dictum est, quod teneatur dare domino quinque sol. morl. pro justicia, si probatus fuerit et devictus.

8. — *Vente du vin et punition au cas où le débitant altère soit la mesure, soit la qualité.* — Item instituit prefatus Ramundus Jordanus quod omnis homo et femina de dictis castris qui vinum vendere voluerint in dictis castris, quod illud faciat primo preconizari et dicat preco pro quanto dabitur carterium, et si postea, postquam preconisatum fuerit, falsabat mensuram vel diminuebat, quod teneatur domino in quinque sol. morl. pro justicia, et totum

(1) Corr. par *unius*, en rapprochant le texte semblable de Daux, art. 14.

vinum quod in dolio fuerit quod sit incursum domino, si devictus
fuerit sive probatus. Item si in vino aliquam immixtionem inmi-
cebat pro qua vinum minus valeat, quod teneatur ipsi domino
in quinque solid. morl. pro justicia, et quod vinum quod fuerit
in dolio illo sit incursum eidem domino, si tamen hec probari
possunt. Si autem probari non poterat, quod inquiratur iste vel
ista qui vel que venderet vinum vel cujus vinum esset cum mandamento fidei et juramento, et si non confitebatur mixtionem
fuisse factam, quod inde esset absolutus, vel (*corr.* velut si?)
probari non poterat, ut dictum est.

9. — *Droit de justice pour vol de blé ou de gerbes.* — Item
prefatus dom. Ram. Jordanus instituit quod omnis homo et femina
de distis castris qui bladum batutum furatus fuerit de die, in
campo seu solio vel arca(area) vel etiam in alio loco, quod teneatur
domino in LX sol. morl. pro justicia, si probari potest, emendato
maleficio illi qui substinuit. Si autem de nocte furabatur bladum
batutum in solio, in area vel in alio quocumque loco, quod
teneatur eidem domino de corpore et peccunia, emendato maleficio
illi qui substinuit, ut dictum est, cognitione consulum castri illius
de quo fuerit et bajuli. Si vero furabatur garbam vel gavelam
in area vel in campo de die, quod teneatur in quinque sol. morl.
pro justicia domino, et emendare maleficium cognitione consulum
et bajuli, ut superius dictum est. Si autem aliquis homo vel femina
de dictis castris furabatur garbam vel gavelam in area vel in
campo vel in alio loco, de nocte, quod teneatur de corpore et
peccunia domino, emendato maleficio, ut dictum est ; et hec intel-
ligantur si probari possunt ;

10. — *Amende pour vol de jardinage.* — excepta ortalicia de
casali et excepta verenha et frucha domestica, de quo teneatur
domino in quinque sol. morl. pro justicia, et hoc si probari potest.

11. — *Justice pour vol de vendange et de fruit.* — Verumtamen
si vendemiam furabatur quis vel aliqua de dictis castris de nocte,
cum comporta vel cum panerio vel cum saco, quod teneatur
domino in LX sol. morl. pro justicia, et hoc si probari potest.
Si vero aliter vindemiam vel ortaliciam vel frucham domesticam
furabatur de nocte, quod teneatur domino in quinque sol. morl.
pro justicia, et hoc si devictus fuerit.

12. — *Amendes pour coups ou blessures.* — Item instituit prefatus Ram. Jordanus quod si aliquis vel aliqui(-a) de dictis castris fecerit alii de dictis castris aliquod vulnus quod legale reputetur, quod teneatur domino in LX sol. morl. pro justicia et facere emendam vulnerato cognitione consulum castri et bajuli. Si vero aliud vulnus fecerit quod legale non reputetur, quod teneatur domino in quinque den. morl. pro justicia et emendam facere vulnerato cognitione consulum et bajuli. Si vero tale fuerit vulnus quod ex illo vulnere seu propter illud moriatur, tunc bona illius qui fecit vulnus confiscentur et sint incursa domino et de corpore fiat justicia cognitione consulum et bajuli. Si autem quis vel aliqui(-a) percusserit alterum cum pugno vel baculo seu aliis quibuscumque armis sine sanguinis effuzione, quod teneatur in quinque sol. morl. pro justicia et emendam facere vulnerato cognitione consulum et bajuli.

13. — *Enquête en cas de plainte pour blessure.* — Et de omnibus istis quando clamor factus fuerit inquiratur (*ou* -antur?) testes per dominum et per consules castri si rogati nolint veritati testimonium perhibere ; et etiam sine inquisitione possit conqueri (1).

14. — *Adultère, sa punition.* — Item statuit prefatus Ramundus Jordanus quod si aliquis homo de dictis castris cognoverit carnaliter aliquam conjugatam de dictis castris vel aliquis uxoratus aliquacumque (2) quod capiatur ille, presentibus duobus probis hominibus vel pluribus ejusdem castri, et ipse et peccunia sua sint incursa domino, et hoc si probatur.

15. — *Des maléfices cachés et de leur punition et réparation.* — Item instituit quod si alicui in abscondito maleficium factum est occasione combustione(-is) vel fractione(-is) arborum vel vinearum, quod conqueratur consulibus et bajulo castri et dicat in quem habet fidem suam qui maleficium ei fecerit ; et si probatur quod ille quem nominaverit in quem habet fidem quod maleficium fecisset quod ipse fecerit, quod ille et bona illius omnia sint incursa

---

(1) Sur ce dernier membre de phrase conférez art. 16.
(2) Les cout. de l'Isle, art. 17, d'Auradé, art. 4, et de Daux, art. 18, permettent de corriger ce passage comme il suit : vel aliquis uxoratus aliam quamcumque mulierem.

domino, primo tamen satisfactione premissa conquerenti de bonis
incursi. Si vero probari non potest per inquisitionem consulum
et bajuli castri, tunc communitas castri emendet dampna passo.
Si autem per inquisitionem omnium hominum castri vel pro
majori parte probaretur, ita quod fides omnium vel majoris partis
esset quod aliquis fecisset, ille contra quem omnes homines vel
major pars fidem haberet teneatur facere emendam illi qui
dampnum substinuisset, et ultra dare LX sol. morl. domino castri
(voir de même art. 44).

16. — *En cas d'injures on doit adresser une demande au coupable
avant de porter plainte en justice.* — Item instituit quod omnis
homo vel femina de dictis castris inquerat primo illum qui sibi
injuriatur, antequam conqueratur, cum duobus personis vel pluribus, nisi vulneratus fuerit vel percussus, in quo casu, sine omni
enquesta (1), possit conqueri consulibus et bajulo, si voluerit
(*Confér. ci-dessus*, art. 13).

17. — *Caution judiciaire ou mesures prises à son défaut.* —
Statuit preterea prefatus dom. Ram. Jordanus quod omnis homo
et femina de dictis castris donet et teneatur domino fidancias dare
vel suo bajulo quandocumque illas pecierit et quocumque modo
illas petat, et dominus vel suus bajulus debet ei tenere jus si
firmare illud potest ei cognitione consulum castri; et, si non potest
firmare jus nec dare fidejussores, debet jurare domino quod non
potest ei dare fidejussores, et tunc dominus debet facere videre
bona illius duobus probis hominibus et bajulo suo et mittere res
illius in posse illorum duorum hominum; et debent consules illum
facere jurare quod stet cognitioni consulum.

18. — *Des contumax et de leurs biens.* — Et, si ille homo vel
femina defficiebat juri, dominus non debet recipere bona illius,
sed illi duo probi homines ad hoc ellecti a consulibus et bajulo,
et debent illas res tenere in eorum posse per duos menses; et si
infra predictos duos menses ille homo vel femina, cujus fuerit res,
non venerint in predicto castro causa standi juricognitione
consulum, quod tunc bona sua sint incursa domino, et si ipsum

(1) Voyez, sur le sens de *inquirere* et de *enquesta*, les commentaires de
M. Moullié sur les cout. d'Agen, ch. 5, et de Larroque-Timb., art. 84.

dominum inveniebat (1) suus bajulus, quod possit ipsum capere tamquam suum incursum et eodem modo feminam. Si autem infra illos duos menses veniebat in dictis castris causa standi juri cognitione consulum castri, tunc dominus debet illud ei (2) recipere et cum bene firmatum habuerit de stando juri cognitione consulum et bajuli, tunc dominus reddat ei suas res quas illi duo homines tenuerunt.

19. — *Punition du viol et de l'adultère*. — Item instituit quod si aliquis homo defloraverit aliquam per violenciam et potest probari, quod teneatur dare maritum qui ipsam deceat (*corr.* ducat); si talis erat quod ipsam non decet ducere in uxorem, quia vilior ea, veniat in incursum corpus et peccuniam suam, et hoc si probari potest. Item instituit prefatus dom. Ramundus Jordanus quod quicumque cognoverit mulierem non virginem non habentem virum, ipsa invita, et probari potest, quod teneatur dare domino LX sol. morl. pro justicia vel amittat testiculos. Si vero aliquis cognoverit carnaliter aliquam feminam de dictis castris que virum habuerit, ipsa invita, quod ipse et peccunia sua sit incursa domino, et hoc si probari potest, facta prius emenda mulieri vim passe.

20. — *Le seigneur a droit à des journées de travail sur les laboureurs et leurs animaux*. — Item statuit prefatus dom. Ram. Jordanus quod unusquisque de labor[ator]ibus dictorum castrorum acomodet et teneatur acomodare domino, quoque anno semel, suum par de animalibus aratricibus quecumque fuerint, sive sint boves vel eque vel ronsini vel asini aut muli aut mule aut vacce aut saume, et omnes bestias cum bastis de carregio semel in estate, quoque anno, et nuncios seu locatores dictorum animalium; et dominus teneatur dare nunciis ad comedendum et boeriis ad comedendum semel.

21. — *Redevance en grains due par les animaux de labour et les brassiers*. — Item instituit prefatus Ram. Jordanus quod

---

(1) Ce passage est incorrect; mais si l'on admet que *inveniebat* est sûr et ne peut être remplacé, par exemple, par *injuriabat* (?), on obtient un sens acceptable en lisant : dominus inveniebat [vel] suus, etc.

(2) Ces mots *illud ei* doivent être sans doute modifiés. Pour tout cet art. conférer. du reste, Cout. du Castéra, art. 12, et de Pradère, fin de l'art. 20.

omnis homo et femina de dictis castris, qui laboraverit cum uno pare bovum teneatur domino dare, quoque anno, unam concam de avena; qui, cum uno pare asinorum, unam eminam de avena, quoque anno ; qui, cum uno bove et asino, tres carteras avene, quoque anno ; et omnis brasserius manens in dictis castris quod teneatur domino dare, quoque anno, unam carteriam de avena.

22. — *Redevance d'une poule pour le fouage.* — Item instituit quod omnis homo et femina qui focum tenuerit in dictis castris, quod donet et teneatur domino dare, quoque anno, unam galinam, in festo Natalis Domini; vel unum denarium si galinam habere non potest vel donet ei galinam que valeat unum denarium.

23. — *Il est permis de prêter assistance à un étranger, à moins qu'il n'ait tué ou arrêté quelque habitant.* — Item instituit prefatus dom. Ram. Jordanus quod omnis homo qui tenuerit focum in dictis castris et omnis femina quod possit guidare omnem hominem in dictis castris, si tamen hominem vel feminam de dictis castris non interfecerit vel captum non detinet, donec inquisitus sit, si ibi injuriam faciebat alicui de dictis castris, et possint ipsum guidare infra dex et terminos dictorum castrorum.

24. — *Limites de Thil et de Bretx.* — Et dex sunt et tenent tantum quantum tenet territorium de Tilio et de Brez, videlicet usque ad gutam de Ausaco versus Castellare, et usque ad rivum de Longafitem versus Leviniacum (1), et per alias partes tantum quantum tenet territorium de Tillio et de Brez et de Monteas-trugo.

25. — *Albergue de 50 sous due au seigneur.* — Item statuit prefatus dom. Ram. Jordanus quod omnes homines et femine de dictis castris donent et teneantur dare, quoque anno, in festo Pasche Domini, domino de alberga L sol. morl.

26. — *Le nouvel habitant est franc de charges pendant un an et un jour.* — Item instituit prefatus dom. Ram. Jordanus quod quicumque homo vel femina causa manendi in dictis castris venerit, quod sit liber de omnibus missionibus dicte ville, donec permanserit ibi per unum annum et diem.

27. — *Le seigneur peut réquisitionner des vivres et, moyennant un*

(1) Corr. sans doute par *Launacum.*

gage, en différer le paiement pendant quinze jours. — Item statuit
dom. Ram. Jordanus quod homines et femine dictorum castrorum
teneantur domino tenere vendam de pane et de vino et de carnibus [et] de aliis companaticiis, semper et habeat dominus speram
in illis, scilicet per quindecim dies cum bono pignore quod bene
valeat tantum quantum dominus super illud pignus fecerit manu-
levari, vel cum bono fidejussore. Et in capite quindecim dierum
illi qui tenuerunt pignus debent venire coram domino vel ejus
bajulo et eum inquirere quod solvat pignus, et si solvere non
potest dominus vel ejus bajulus, teneat dictus homo qui illud
pignus habet alios quindecim dies, et postquam interim (*corr.*
iterum) ipsum dominum vel ejus bajulum inquisierit de solvendo
pignore, impignoret cui voluerit de dictis castris, et si non potest
impignorare in dictis castris, quod vendat cuicumque voluerit
de dictis castris; et si in castris predictis non poterat vendere,
quod vendat cuicumque voluerit et ubicumque sibi placuerit,
et [si] illud quod habet super pignus non potest invenire de
pignore, quod dominus teneatur illud ei emendare quod defficiet;
similiter si plus habebat quod reddat illud domino vel suo bajulo.
Et dominus debet facere prestare panem et vinum et carnes et
companaticos, bona fide.

28. — *Le seigneur et les habitants participent aux frais de la
clôture de Thil.* — Item dominus debet claudere collum castri
de Tillio et suas presas de totis sarraturis, et homines de Tillio
debent tenere munitam aliam partem castri et de barri, exceptis
prezis suis quas quisque debet facere sicut illas tenet.

29. — *Les guetteurs du Thil sont fournis par les habitants et par
le seigneur.* — Item dominus debet tenere in castro de Tillio unam
gaitam ad custodiendum castrum, et homines de Tillio aliam.

30. — *Clôture et guet du château de Bretx.* — Item eodem modo
tenetur dictus dom. Ramundus Jordanus claudere castrum de
Bretz et tenere ibi unam gaitam, sicut de castello de Tillio; et
homines de Bretz eodem modo, sicut homines de Tillio, tenentur
ut superius de hominibus de Tillio est expressum.

31. — *Le seigneur promet de tenir et respecter toutes ces coutumes.*
— Istas enim consuetudines, constitutiones seu libertates dedit
et concessit prefatus dom. Ram. Jordanus, pro se et successoribus

suis dominis et pro omni suo ordinio, hominibus et feminis omnibus de Tillio [et] de Brez, presentibus et futuris; et etiam mandavit et promisit et, tactis sacrosanctis Dei envangelliis, juravit quod prescriptas consuetudines, constitutiones seu libertates tenebit, servabit, complebit pro posse suo, bona fide, et quod contra illas vel aliquas illarum non veniet nec venire faciet aliquo temporo ullo modo.

32. — *A leur tour, les habitants s'engagent à suivre lesdites coutumes.* — Item istas consuetudines, constitutiones et libertates dedit et concessit prefatus Ramundus Jordanus omnibus hominibus et feminis de Tillio et de Bretz presentibus et futuris, et hoc de consilio et voluntate et assensu consulum de Tillio et de Brez et aliorum proborum hominum eorumdum castrorum, videlicet Bernardi de Brez et Petri de Garaco et Petri de Sarrada et Arnaldi d'en Bes et Ramundi de Mortura et Bernardi de Sarano, consulum de Tillio, et Garssie et Bernardi et Arnaldi Bernardi, fratrum, et Petri de Garaco et Guillermi Arnaldi de Monteacuto et Arnaldi Vasconis et Guillermi d'en Doad et Ramundi de Tayssoneriis et Bernardi de Ladera et Bernardi de Serrano et Guillermi de Lescalier et Bernardi d'en Bets et Ramundi de Castellari et Ramundi Roselli et Johannis de Castellari et Bernardi de Restolha et Sancii d'en Carles et Petri de Sentas et Ramundi de Serrano et Arnaldi de Tayssoneriis et Rotlandi d'en Carles et Peirote et Vitalis de Palenco et Arnaldi Raimundi et Guillermi Arnaldi de Bretz et Bernardi de Faurionis et Petri de Palenco, Pontii de Faurionis et Salvatoris, qui predicti probi homines pro se ipsis et pro omnibus aliis hominibus et feminis dictorum castrorum presentibus et futuris presentes consuetudines, constitutiones seu libertates concesserunt et sic fieri voluerunt, mandantes et promittentes et super sancta Dei envangellia jurantes quod predictas consuetudines, constitutiones seu libertates tenebunt et servabunt et complebunt pro posse eorum bona fine, et quod contra ipsas vel aliquam ipsorum non venient nec venire facient ullis temporibus, ullo modo.

33. — *Date et témoins.* — Hec omnia fuerunt facta et posita et concessa in castello de Tillio, quinta die exitus madii, feria prima, regnante Ludovico, Francorum rege, Ramundo Tholosano

comite, Ramundo episcopo. Anno ab incarnatione Domini M°
ducentesimo quadragesimo sexto. Hujus rei sunt testes Guillelmus
de Auxio, cappellamus de Tillio, et Petrus Anervis, cappellamus
de Brets, et Sicardus Esquirollus, miles, et Guillermus de Arnaldo
Bernardo, clericus, et Bernardus Robertus, publicus Tholose
notarius qui cartam istam scripsit.

Ainsi signé : Presens coppia abstracta a libro archivorum Insule
Jordani fuit correcta per me Petrum de Fouresio, not. Tholose
publicum, in quorum fidem signum meum publicum hic apposui
quod est tale : P. de Fouresio.

5 NOVEMBRE 1256.

ADDITIONS A LA CHARTE PRÉCÉDENTE
OU SECONDES COUTUMES DE THIL CONFIRMÉES EN 1289.

(Arch. de Tarn-et-Gar. Fonds d'Armagnac, Saume de l'Isle, f. 1343, v°. —
Copie du XVI° s.)

34. — Soit connu que noble Jourdain de l'Isle, chevalier du
roi, fils aîné de feu Jourdain de l'Isle, chevalier, se trouvant
dans l'église de Thil, a reçu le serment de fidélité des consuls
et des habitants de ce lieu, après avoir juré lui-même d'être leur
bon et fidèle seigneur et de garder toutes leurs coutumes. —
« Preterea predictus dominus Jordanus, audito et intellecto et de
verbo ad verbum perlecto quodam instrumento publico consuetu-
dinum dicti castri de Tillio [et] de Bretz, cujus tenor talis est :

35. — Noverint universi presentes pariter et futuri quod he
sunt libertates et consuetudines castelli de Tillio et castelli de
Bretz, quas venerabilis vir dom. Jordanus de Insula dedit et
concessit pro se et pro omnibus suis successoribus omnibus
hominibus et feminis, qui in dictis castris permanserint, presentibus et futuris.

36. — *Anciennes coutumes confirmées.* — In primis igitur
prefatus dom. Jordanus, sua sponte dedit et concessit et confirmavit universitatibus castellorum Tillii et de Bretz omnes bonos
fores, consuetudines et usaticos et singulos, quas et quos dudum

habuerant, tenuerant et usi fuerant melius usque in diem presentem in quo hoc fuit factum.

37. — *Au temps voulu, le seigneur, averti par quatre prud'hommes,
commence le premier les vendanges, et les habitants lui doivent alors
une journée avec leurs bêtes.* — Item statuit idem Jordanus et
concessit supradictis universitatibus dictorum castellorum quod
semper, tempore vindemiarum, quatuor probi homines electi de
Tillio ab ipsa universitate amoneant (*pour* admoneant) dominum
Tillii vel ejus bajulum, per spacium octo dierum quod vendemiet
et faciat colligere suas vendemias de suis vineis quas ibi habet;
et tunc, sicut asseruerunt, homines dictorum castellorum Tillii
et Bretz adjuvent eidem domino quilibet eorum pro una die cum
sua bestia et suo nuncio sine plure. Et si forte idem dominus
vel ejus bajulus noluerit vendemiare tempore quo ab eis fuerit
amonitus, ita quod ipse universitates predictorum castellorum
vendemiet(-ent) suas vineas deinde ita (1) quod nullus eorum
teneatur dicto domino in aliquo occasione vende^{nis} (2), facta
prius dicta amonitione, ut dictum est. Verumtamen, postquam
ipse universitates vindemiaverunt, teneantur coadjuvare predicto
domino vendemiare suas vineas, ut consueverant condam.

38. — *Tout habitant peut quitter le lieu en emportant ses meubles
et le seigneur est tenu de le guider.* — Item statuit idem dom.
Jordanus quod quandocumque (*corr. par* quicumque) voluerit
exire sive recedere de predictis castellis cum suis rebus mobilibus,
possit hoc facere licite versus quam partem voluerit ire, salvus
et securus de domino dictorum castellorum et de suis amicis;
et etiam idem dom. Jordanus quod teneatur guidare illum vel
illos de se et suis amicis versus quam partem ire voluerit quousque
ipsi vel eorum res mobiles sint in loco tuto, secundum posse
ipsius domini, bona fide.

39. — *Permission de vendre ou engager les biens-fonds en payant
les lods ou pax au seigneur* (voir aussi art. 45). — Item statuit
ipse dominus Jordanus quod quicumque voluerit vendere vel
impignorare terras, domos, vineas seu honores aliquos, qui vel

---

(1) Ce mot peut être supprimé.
(2) Sans doute *vendemiationis*, que l'on retrouve dans Du Cange.

que sint de jurisdictione castellorum Tillii et de Bretz, quod possit
hoc facere cuicumque ei placuerit et voluerit de suis vicinis, sub
tali pacto quod fiat de consilio ipsius domini de quo feudum illud
teneatur, et idem dominus quod laudet illud cui venditum fuerit
vel impignoratum, cum pax et dominationibus ibi pertinentibus,
quas inde habeat. Et cum omni peccunia que inde habuerit ille
venditor sive impignorator quod erit securus similiter versus quam
partem voluerit.

40. — *Affranchissement de leude pour les habitants, mais réserve
de ce droit s'il est établi une foire dans le lieu.* — Item, idem dom.
Jordanus statuit, dedit et concessit omnibus hominibus et mulieribus et singulis de dictis universitatibus Tillii et Bretz omnes
leudas, ita quod nullus illorum teneatur de cetero dare leudam
de aliqua re que sit empta vel vendita in castello Tillii vel Bretz
sive intus terminos et dex eorum eidem domino. Verumtamen,
si dominus Tillii faciebat seu constituebat forum in castello Tillii
aliquo tempore consilio dictarum universitatum, quod habeat tunc
suas leudas et jura sicut constituerit cum eisdem hominibus
dictorum castellorum.

41. — *Des successions ab intestat.* — Item statuit idem Jordanus
quod si quis obierit intestatus de dictis castellis sine herede
legitimo, bona et jura, que condam se recipiebant ad dominum
dictorum castellorum vel aliis locis ejusdem deffuncti, quod sint
et remaneant illa bona et jura propinquioribus parentibus illius
deffuncti. Verumtamen si ibi non habuerit illos parentes, quod
omnia bona et jura ipsius deffuncti quod remaneant omnia domino
dictorum castellorum, persolutis debitis et sepultura illius qui
obierit intestatus (Confér. ci-dessus, art. 3).

42. — *Le seigneur ne laissera pas établir de cabanes d'animaux
sur le territoire du lieu.* — Item statuit dominus Jordanus, dedit
et concessit predictis universitatibus quod ipse nec aliqui pro
eo nec de dictis castellis non valeat ullo tempore tenere nec
teneat cabanam vaquarum et jumentorum nec de aliis animalibus
in pertinencia(-iis), decimariis, territoriis Tillii et Bretz et
Marvasi.

43. — *La localité restera toujours unie au domaine seigneurial
de l'Isle-Jourdain.* — Item dominus Jordanus statuit et concessit

universitatibus Tillii et Bretz quod semper fuit (corr. sint) de dominatione Insule-Jordani, et ibidem similiter omnes homines de dicta universitate consueverunt (corr. concesserunt?) quod semper erunt de dominatione dicte ville Insule, ita quod semper pro posse suo bono animo et bona fide erunt de dominatione unanimiter dicte ville Insule; et hoc totum concesserunt predicti homines omnes dictarum universitatum sub juramento envange-liorum quod prius fecerant.

44. — *Des maléfices clandestins.* — Item statuit idem dom. Jordanus quod si alicui in abscondito fuerit factum maleficium occasione combustionis vel fractionis arborum vel vinearum, quod conqueratur consulibus et bajulis castri et dicat in quem habet fidem suam qui maleficium ei fecerit ; et si probatur quod ille quem nominaverit, in quem habet fidem quod maleficium fecisset, quod ille fecerit, quod ille et bona ipsius sint incursa domino dictorum castellorum, primo tamen satisfactione premissa conque-renti de bonis incursi. Si vero probari non potest per inquisi-tionem consulum castri, tunc comunitas castri emendet dampna passo. Si autem per inquisitionem hominum castri vel pro majori parte probatur, ita quod fides omnium vel majoris partis esset quod aliquis fecisset, ille quem contra homines vel major pars castri fidem habet teneatur facere emendam illi qui dampnum substinuisset, et ultra hec dare sexaginta solidos morl. justicia domino castri (Confér. art. 15).

45. — *Liberté de vendre ou engager les biens fonciers, en payant les lods au seigneur* (Voir de même art. 39). — Item statuit idem dom. Jordanus quod quicumque tenuerit honorem aliquem vel aliquid de altero fevaliter, quod possit vendere vel impignorare illum honorem vel honores cui voluerit vel placuerit de suis vicinis et quod illa venditio sive impignoratio fiat consilio illius domini feudi qui laudet illud cum suis pax et dominationibus quas inde habeat idem dominus ab illo qui emerit vel vendiderit in dictis castellis.

46. — *Le seigneur promet d'observer les présentes libertés, tout en se réservant que ses hommes liges ne puissent en jouir.* — Has pre-dictas consuetudines et libertates dedit et concessit prefatus dom. Jordanus de Insula omnibus hominibus et feminis permansuris in

dictis.castellis seu villis de Tillio et de Bretz, firmiter promittens [quod] has predictas consuetudines et libertates servabit, tenebit et teneri faciet et numquam contra veniet ullo tempore, nec ullo modo, exceptis illis suis ligiis qui ibi sunt vel venient permanere.

47. — *Date et témoins.* — Acta fuerunt hec, posita et concessa in ecclesia Sancti Martini de dicto castello Tilii, quinto die introitus mensis novembris, regnante Ludovico, rege Francorum, Alfonso comite Tholosano et Ramundo episcopo. Anno Domini ab incarnatione millesimo ducentesimo quinquagesimo sexto. Horum omnium sunt testes dominus Bertrandus de Insula, prepositus domus Sancti Stephani de Tholosa, et Petrus de Espaho, tunc prior domus Sancti Martini de Insula-Jordani, et Guillelmus de Axius, cappellanus Tillii, et Petrus Aymericus, cappellanus Brici, et magister Guillermus Deade, presbiter, et Bertrandus de Rupeforti, miles, et Donatus de Castronovo et Geraldus de Goffas et Sicardus Fortis, miles, et magister Helias, medicus, et Forcius de Autezaco de Castellari et Arnaldus de Bonahora, notarius Insule-domini-Jordani publicus, qui mandato, cognitione et visu domini Jordani predicti cartam istam scripsit, ad requisitionem, supplicationem et instanciam dictorum consulum et universitatis predicte et hominum predictorum.

48. — *Suite de l'art.* 34 : dicte universitati et consulibus et hominibus supradictis castri de Tillio et universitati et consulibus et hominibus castri de Bretz dictas consuetudines et libertates dictus Jordanus dedit et concessit et approbavit et etiam confirmavit, promittens dictis consulibus et hominibus supradictis et notariis stipullantibus quod predictas consuetudines tenebit perpetuo et servabit prout actenus in dictis castris et villis teneri et servari est consuetum et observatum ; excepit tamen idem dom. Jordanus a predictis consuetudinibus et libertatibus homines suos ligios qui sunt in dictis castris seu villis vel venient permanere in futurum. »

Ces choses furent faites et concédées « apud Tillium, in ecclesia predicta », le 4 de l'entrée de mars, Phil. étant roi et Hugues évêque de Toulouse, l'an 1288, en présence « dominorum Ramundi de Bazenguis, Guillelmi Garsii de Pinu, Bertr. de Faudoas, Donati de Caramanno, Athonis de Malsamonte et Guill. Arn. de

Cobiraco, militum, domini Guidonis de Passer, cappellani de Bretz, dom. Jacobi de Bononia, magistri Petri de Crosa, jurisperitorum, Baronis de Blancaforti et Sicardi Fortis, domicellorum, Petri Judicis, Bruni de Septenis, civium et burgensium Tholose, et dicti magistri Guillermi qui ad faciendum inde cartam recepit mandatum, et mei Ram. de Viridario, publici Tholose notarii, qui mandato dicti Jordani, ad requisitionem predictorum hominum, cartam istam scripsi et signo meo assueto signavi.

Presens eoppia, abstracta a suo originali, fuit correcta cum eodem per me Petrum de Fouresio, notarium Tholose publicum, in quorum fidem signum meum hic apposui: P. de Fouresio. »

COUTUMES DE DAUX.

1253, 1288.

Nous ne trouvons pas de mention des droits des seigneurs de l'Isle dans cette localité avant la charte de coutumes de 1253. On voit par cet acte que Jourdain de l'Isle chercha alors à y attirer des habitants et à y fonder ainsi une bastide ou ville neuve. Mais il semble que son entreprise souleva des contestations de la part des abbayes de Grandselve et de La Capelle qui avaient aussi, et depuis longtemps, des droits sur Daux ; les difficultés s'aplanirent toutefois, et, en 1254, il fut convenu que Jourdain aurait en seul un certain nombre d'arpents pour les inféoder à son gré et y bâtir le nouveau village, et que le reste du territoire appartiendrait, par indivis, la moitié à Jourdain, un quart à Grandselve et l'autre quart à La Capelle ; on régla en même temps les droits de dépaissance. — Jourdain de l'Isle acheta en 1258 la part de la seigneurie appartenant aux religieux de La Capelle, et il fit un nouvel accord avec ceux de Grandselve en 1278. Il est à soupçonner que ce dernier monastère abandonna à son tour ses droits aux seigneurs de l'Isle que nous voyons seuls, en effet, intervenir dans nos documents de la suite du siècle relatifs à la même localité.

Les consuls de Daux, qui apparaissent dès le milieu du XIIIe siècle, étaient encore au nombre de six en l'année 1300.

---

10 MAI 1253.

INSTRUMENTUM CONSUETUDINUM ET LIBERTATUM DE DALBS.

(Arch. de Tarn-et-Gar. Fonds d'Armagnac, Saume de l'Isle, f. 143. v°. — Copie du XIVe siècle.)

Noverint universi presentes pariter et futuri quod cum nobilis dominus Jordanus de Insula, miles, olim dedisset et concessisset quasdam consuetudines et libertates hominibus de Dalbs, presentibus et futuris, que continentur in quodam publico instrumento inde facto, cujus instrumenti tenor dicitur esse talis :

Noverint universi presentes pariter et futuri quod hec sunt libertates et consuetudines castri et ville Sancti Salvii de Dalbs, quas venerabilis vir dominus Jordanus de Insula, filius quondam domini Bernardi Jordani, dedit et concessit pro se et pro omnibus suis successoribus omnibus hominibus et feminis qui in dicto castro permanserint in dicta villa, presentibus et futuris.

1. — *Des prud'hommes du chapitre ou consuls et des jurats.* — In primis igitur prefatus dom. Jordanus de Insula statuit quod in predicto castro seu villa semper sint sex probi homines ejusdem ville de capitulo et sint ibi per totum annum de Pasca in Pasca, et possint sibi associari, si voluerint, alios sex probos homines de eadem villa, qui sex vocentur jurati.

2. — *Du pouvoir judiciaire des consuls et de leur élection annuelle.* — Qui sex consules audiant et determinent omnes causas et controversias omnium hominum et mulierum ejusdem ville prout eis videbitur faciendum ; et quod illi sex de capitulo statuantur per universitatem dicte ville et per dominum vel suum bajulum, et quod quolibet anno in vespera Pasche illi sex consules eligant duos probos homines de communitate per consules et recitent illos duos in crastinum in festo Pasche in colloquio, presente toto populo, et illi duo sic electi eligant ibidem quatuor de universitate per consules ; et illi sex sic electi sint ibi per totum annum et audiant causas et controversias omnium et singulorum de dicta villa et determinent eas prout eis visum fuerit expedire; et ita sequatur in perpetuum.

3. — *Droit perçu par le seigneur dans toute plainte en justice.* — Item statuit prefatus dom. Jordanus quod in omni simplici clamore habeat idem dominus et successores sui quinque solid. morl. de quicto.

4. — *Faculté de tester.* — Statuit etiam et voluit quod si aliquis vel aliqua decesserit de dicto castro sine filio vel filiis, filia vel filiabus, quod existens in infirmitate possit condere testamentum et dimittere omnia bona sua et jura cuicumque sibi placuerit ; si vero habuerit filium vel filios, filiam vel filias, liceat ei dimitere omnia bona sua.

5. — *Des successions ab intestat.* — Si vero sine testamento aliquis vel aliqua dicti castri decesserat et habeat filium vel filias

quod omnia bona sint filii vel filiorum, filie vel filiarum. Sin
autem sine testamento et sine infante decesserit, in hoc casu quod
sepelliatur primo de bonis suis mobilibus, et opus ecclesie habeat
terciam partem et dominus aliam tertiam partem et consules de
consilio cappituli qui tunc erunt dent aliam terciam partem amore
Dei pro redemptione peccatorum dicti mortui seu deffuncti eorum
bona cognitione et bona immobilia remaneant propinquioribus
parentibus. Si vero parentes non fuerunt, consules teneant illa
bona immobilia per anni spacium, et si infra annum parentes
venerunt, qui sint usque in quarto gradu, et illud constiterit
consulibus, quod sit et tradatur illis. Sin autem non fuerunt, quod
redeat domino.

6. — *Défense au seigneur d'appuyer une accusation par des
témoins de sa maison.* — Item statuit prefatus Jordanus quod ipse
nec successores ejus non possint aliquos vel aliquas de dicta universitate accusare nec etiam probare cum testibus de eorum
familia aliquid contra universitatem vel aliquas vel aliquos de
universitate.

7. — *Liberté pour chaque habitant de vendre ses denrées.* — Item
statuit quod quilibet homo vel femina de dicto castro seu villa
possit vendere libere vinum suum et panem et carnes et bladum
suum, paleam et ligna, caseos et ova.

8. — *Propriété des fours attribuée au seigneur.* — Item statuit
quod furni sint sui et successorum suorum in perpetuum.

9. — *Des viviers et des clapiers.* — Statuit etiam quod quilibet possit facere libere piscarium in suo honore et claperium et
tenere.

10. — *Liberté de chasser en réservant certaine pièce au seigneur.* -
— Item statuit quod quilibet possit venari apros et servos et
cabirollos, lepores et cuniculos, aves et alias venationes libere per
totum honorem ipsius domini Jordani, salvo et retento eidem dom.
Jordano et suis successoribus cemerio, prout est consuetum.

11. — *Droit d'usage dans les propriétés seigneuriales.* — Item
prefatus dom. Jordanus dedit et concessit universis hominibus et
feminis in dicto castro de Dalbs permansuris tallium, herbas et
aquas per totum suum honorem ad usum eorum et eorum domorum
et igni et eorum propriorum animalium, et hoc libere.

12. — *Exemption de leude et de péage.* — Item statuit quod omnes homines et femine dicti castri de Dalbs sint liberi de leuda et pedagiis per totam terram suam ex suis parentibus.

13. — *Plaintes reçues par les consuls, à raison des méfaits.* — Item statuit quod si aliqui homini vel femine de dicto castro maleficium factum est in abscondito et etiam manifeste, quod ille cui maleficium factum est posset conqueri consulibus illius castri si ne dampno quod inde ei non eveniat ullo modo.

14. — *Du serment qui accompagne les plaintes et les témoignages en justice; secret des informations.* — Item statuit quod quicumque de dicto castro fecerit clamorem coram consulibus faciat illum juratus, et quod omnis homo qui fecerit testimonium faciat illud juratus, et quod consules inquirant unumquemque testem sigillatim, ita quod testimonium unius non audiat alter, sed solus per se quilibet faciat testimonium coram eisdem consulibus.

15. — *Vol de blé, sa punition.* — Item statuit quod omnis homo et femina qui furaretur bladum in area vel solio vel etiam aliunde de die, quod teneatur domino in LX sol. morl. pro justicia, si probatur, emendato maleficio illi qui passus est, cognitioni consulum castri. Si vero furabatur garbam vel gavellam in campo de nocte vel in area, quod teneatur domino in LX sol. morl. justiciam, emendato maleficio illi qui passus est cognitioni consulum castri.

16. — *Blessures légales.* — Item statuit quod si aliquis vel aliqua de dicto castro fecerit alteri vulnus quod pro legali reputetur, quod teneatur domino in XL sol. morl. emenda inde facta primitus vulnerato cognitione consulum castri. Si vero aliud vulnus fecerit quod non reputetur pro legali quod teneatur domino in V sol. morl. et emendam facere vulnerato cognitione consulum dicti castri.

17. — *Punition du meurtre.* — Si vero talis(-e) fuerit vulnus quod ex illo moriatur, in hoc casu omnia bona illius qui vulnus illud fecerit sint incursa domino, et de corpore faciat justiciam cognitione consulum castri.

18. — *Des blessures moins graves.* — Sin autem aliquis vel aliqua de dicto castro percusserit alium cum pugno vel baculo maliciose vel aliis quibuscumque armis sine sanguinis effusione,

quod teneatur domino in quinque sol. morl. et emendam facere passienti, cognitione consulum dicti castri.

19. — *Des enquêtes au sujet des cas ci-dessus.* — Et de hiis omnibus, cum clamor factus fuerit, inquirantur testes per consules, si rogati nollunt facere testimonium, et etiam compellantur, et quod quilibet possit conqueri de altero etiam sine inquisitione.

20. — *Punition de l'adultère.* — Item statuit predictus dom. Jordanus de Insula quod si aliquis de dicto castro cognoverit carnaliter aliquam conjugatam vel aliquis uxorem (1) aliam quamcumque de predicto castro, quod capiatur ille presentibus duobus hominibus vel pluribus ejusdem castri et teneatur domino in LX sol. morl., et currat villam nudus, et hoc, si probatur.

21. — *Des maléfices clandestins.* — Item statuit prefatus dom. Jordanus quod si alicui de dicto castro in abscondito maleficium factum est occasione animalium, combustione vel arborum seu vinearum fractione, quod consulibus conqueratur et dicat in quem habet suspectionem qui illud malefactum fecerit et, si probatur, quod ille talis et omnia bona sua sint incursa domino facta tamen prius satisfactione conquerenti de bonis incursi; si vero probari non poterit per inquisitionem consulum castri comunitas dicti castri illud emendet et emendare teneatur dampna passo.

22. — *Conditions dans lesquelles le seigneur peut exiger des garants.* — Item statuit prefatus dom. Jordanus de Insula quod quilibet homo et femina dicti castri donet et teneatur domino dare fidancias vel suo bajulo, cum ab eo vel ab eis pecierit vel pecierint, ita videlicet quod stent inde cognitioni consulum ejusdem ville sive castri et dicat dominus vel suus bajulus causam per quo.

23. — *Punition ou réparation du viol.* — Item statuit quod si aliquis de dicto castro defflorebat aliquam de dicto castro per violentiam, quod teneatur dare femine maritum qui ipsam doceat (*corr.* ducat), vel ducat ipsam in uxorem, si talis est qui ipsam doceat (*corr.* ducat), si probari potest; si vero talis erat quod ipsam non duceret (*corr.* dec-) ducere in uxore, quia vilior ea, veniat in incursum corpus et peccuniam cognitione consulum dicti

---

(1) Corrigez *uxoratus* d'après la remarque faite sur l'art. 14 des cout. de Thil.

castri, facta prius emenda mulieri vim passe, eorumdem consulum cognitione.

24. — *Liberté de la forge.* — Item statuit prefatus dom. Jordanus, dedit et concessit dicte universitati fabricam, ita quod ille qui ibi fabricam facere voluerit possit ibi facere libere sine omni impedimento.

25. — *Même service militaire qu'à l'Isle.* — Item statuit prefatus dom. Jordanus quod predicta universitas de Dalbs teneatur eum sequi in exercitu et equitatu, tunc scilicet quando universitas Insule sequitur eum in exercitu et equitatu et non aliter.

26. — *Faculté de quitter la seigneurie.* — Item statuit quod si aliquis recedere voluerit a dicta villa quod possit res suas et bona vendere cuicumque placuerit, et dominus teneatur eum guidare cum rebus suis per unum diem quantum ire potuerit.

27. — *Droit d'achat à crédit permis au seigneur.* — Item statuit quod dominus habeat speram in dicta villa cum bono pignore quod bene valeat et cum bonis fidem jussoribus per quindecim dies, et [si] infra xv dies dominus non traxerit pignus, quod possit illud vendere cuicumque sibi placuerit, et, si magis habet, quod illud, quod de super habebit, reddat illud domino ; si minus, quod dominus teneatur illud emendare ; et credatur illi qui pignus habuerit suo simplici verbo sine testibus et juramento. Tamen moneat ipsum dominum antequam illud vendat, et venditio illa fiat in presencia duorum hominum ville vel plurium.

28. — *Défense au seigneur de faire des extorsions de fourrages.* — Item statuit quod dominus nec sua familia non accipiat fenum, paleam, herbam alterius sine voluntate illius cujus fuerit, violenter.

29. — *Padouenc accordé à la communauté.* — Item dedit et concessit tres cartonatas terre ad faciendum padoenciam ad servicium comunitatis, ubi magis ipsi universitati placuerit et fuerit congruentius ad opus padoencie dicte ville.

30. — *Défense d'établir des cabanes d'animaux dans le territoire, sans le consentement des habitants.* — Item statuit quod non sit cabana vacarum, ovium, porcorum, equarum in honore de Dalbs nec in honoribus de Tirapel et de Bracoaco, nec depascat usque ad viam que ducit ad vadum de Cera, sine voluntate tamen comunitatis dicti castri.

31. — *Agrier réservé au seigneur dans les terres qui ne seront pas données à fief à cens ou en alleu.* — Item statuit quod dominus habeat de omnibus terris agrarium in grano vel garba ad suam ellectionem et venditiones et impignorationes, exceptis illis terris quas concedere voluerit libere, et salvis casalibus, vineis et ortis et pratis.

32. — *Cens et autres droits imposés sur les maisons et les diverses tenures féodales.* — Item statuit quod quilibet possit habere domum et habeat (1)... quatuor brachiatas ad virgam mercatoris de amplo et duodecim de longo, pro duobus denariis mal. obliar., et de plure vel de minori eadem ratione; item carteriatam terre pro area et borda pro ij den.; item brachiatam orti pro obolo usque ad rivum quantumcumque se extendat; item medium arpentum terre ad faciendum vineam pro iij d.; et arpentum de prato pro quator den. Et retrocapita dictorum feudorum duplicentur; retinuit etiam sibi vel successoribus suis venditiones et impignorationes, scilicet unum den. in unoquoque solido venditionis, et unum obolum in unoquoque solido pignorationis.

33. — *Leude des pourceaux et des vaches.* — Item retinuit sibi et suis successoribus dominus Jordanus lumbos porcorum et pectora vacarum in unoquoque die jovis in quo hujusmodi (?) carnes in dicta villa frangantur.

34. — *Hommes liges du seigneur exclus de la jouissance des présentes coutumes.* — Exceptavit etiam homines suos ligios de predictis libertatibus si forte ad dictam villam eos contigeret venire.

35. — *Serment par le seigneur d'observer cette charte.* — Has autem consuetudines et libertates dedit et concessit prefatus dom. Jordanus de Insula omnibus hominibus et feminis permansuris in dicto castro seu villa de Dalbs, mandans firmiter et promittens et super sancta Dei euvangellia corporaliter jurans quod predictas libertates et consuetudines servabit et tenebit et teneri faciet et nunquam contra veniet ullis temporibus ullo modo.

36. — *Date et témoins.* — Acta fuerunt hec posita et concessa

---

(1) Après ce mot le ms. en a un autre composé des lettres *hute* et surmonté d'un signe d'abréviation.

in palatio comitis Tholose, decimo die introitus mensis madii, regnante Ludovico Francornm rege et Alfonso comite Tholosano, Ramundo episcopo. Anno ab incarnatioue Domini M°CC°L° tertio. Horum omnium sunt testes Rogerius Barravus, Bernardus Barravus et Petrus Ramundus de Rabastenquis et Guillermus Arnaudi de Cobiraco et Bernardus Dieusajuda et Donatus de Villanova et Geraldus de Gofas et Germanus de Beceda et Oto Fortina et Galterius, viccarius Insule-Jordani, et Oliverius de Bordello et Ramundus de Nagran et Bernardus de Babes, presbi- ter, et Arnaudus de Lamaguera et Johannes de Tremoleto et Bonushomo de Salmis et Bernardus Robertus qui cartam istam scripsit. — Hoc translatum transtulit Bertr. Miquael, publicus Tholose notarius, ex illa carta per alphabetum divisa quam Bern. Robertus scripserat eisdem verbis et rationibus, mense octobris, regnante Philippo, Bertrando episcopo Tholosano, anno M°CC° LXXIIII ab incarnatione.

---

12 SEPTEMBRE 1288.

MODIFICATIONS AUX COUTUMES PRÉCÉDENTES.

37. — *Difficultés soulevées postérieurement entre les parties.* — Et à cause desdites coutumes un débat s'étant élevé (*cumque etiam quedam materia questionis orta esse diceretur*) entre led. Jourdain, chevalier, d'une part, et les consuls et l'université de Daux, de l'autre, savoir :

38. — *Désaccord sur les droits de justice.* — Sur ce que les consuls *P. de Montecereno, P. Cedacerii, R. de Ganiaco, P. de Sarra*, B. de Poreris, en leur nom et au nom de la communauté, assuraient que « cognitio causarum tam civilium quam criminalium que sunt seu emergent in futurum in dicta villa de Dalbs ad ipsos consules pertinebat, dicto Jordano in contrarium asserente et dicénte cognitionem dictarum causarum ad se pertinere » ;

39. — *Débat sur un territoire réclamé par les habitants moyennant l'agrier.* — Et sur ce que (*et super eo quód*) led. Jourdain assurait « territoria de Molsar et de Moliazer et de Tirapel ad ipsum

dominum Jordanum pertinere pro omni sua voluntate facienda »,
tandis que les consuls prétendaient que lesd. terroirs appartenaient
aux hommes de Daux « cum agrario quod inde reddant » aud.
Jourdain, ou moyennant une autre servitude, selon qu'il est porté
par lesdites coutumes;

40. — *Débat sur les limites et la garde des récoltes du lieu.* —
Et super limitationibus seu terminis territorii dicte ville seu
cognitione messagarie dicte ville.

41. — *Accord sur la propriété et l'exercice des droits de juridiction.* — Sur ces divers points, les parties s'accordent enfin de
la manière suivante : — La connaissance des causes civiles et
criminelles appartiendra pour toujours aud. seigneur Jourdain et
à ses successeurs, « ita tamen quod, in causis criminalibus et
inquestis et questionibus faciendis et sentenciis ferendis et etiam
concordandum *(sic)* per curiam dicti Jordani aut per ipsum, duo
de consulibus dicte ville vel plures intersi[n]t, consilio quorum
dicte cause criminales in dicta villa de Dalbs expediantur et
terminentur, et sine quibus predictis in causis criminalibus non
fiant, nam sic (led. Jourdain et lesd. consuls) voluerunt et ad
invicem concesserunt ».

42. — *Cession d'un territoire aux habitants moyennant l'agrier
ou le cens.* — Led. Jourdain approuva de plus le reste du contenu
desd. coutumes ci-dessus, le ratifia complètement comme le porte
l'acte et concéda *ad feudum* à tous les hommes de Daux, présents
et à venir, toutes les terres cultes et incultes qui sont comprises
entre les limites suivantes : « a dicta villa seu castro usque ad
flumen Save et sicut idem flumen descendit usque ad territoria
de Capella et sicut territorium de Dalbs dividitur a territoriis
de Capella et sicut a dictq territorio recte protenditur usque ad
rivum de Dalbs, et sicut rivus recte ascendit usque ad territoria
que dividit(-unt) territorium de Homervilla et de Dalbs, appellatum Meliarer, et sicut dicta territoria recte descendunt et
dividuntur usque ad territoria de Capella, et sicut dicta territoria
dividuntur cum territorio de Dalbs, appellatum Malsar, et sicut
recte a dicto territorio prethenditur usque ad Pererium Negra
et sicut a dicto Pererio recte protenditur usque ad clotam de
Tribus quercubus, que est juxta viam que tenditur de Dalbs versus

Mandumvilla, et sicut a dicta clota protenditur usque ad carra-
teriam que dividit nemus de Bacona et territoria de Dalbs, et
sicut per dictam carreteriam recte tenditur usque ad quandam
viam qua itur de Monteacuto versus Colomers et sicut a dicta
via recte protenditur per medium nauze Grueria usque ad Fontem
Pascal et sicut a dicta fonte recte protenditur usque ad cumbam
Cicardi et sicut a dicta cumba recte protenditur usque ad fontem
de las Droilhas, et sicut a dicta fonte recte protenditur usque ad
flumen Save et sicut idem flumen descendit usque ad dicta territoria de Capella. Tali pacto dedit predictas terras dictus dom.
Jordanus hominibus supradictis ut reddant inde dicto dom. Jordano
et heredibus suis agrarium totius bladi quod inde exiverit, et
de qualibet cartonata terre agrar. duos den. tol. reacapte, quando
evenerit, exceptis tamen terris quas dicti homines tenent ad
oblias vel quas idem dom. Jordanus concedere et dare voluerit
cum obliis vel libere infra terminos supradictos.

43. — *Liberté de faire des vignes, des prés et des bordes moyennant le cens.* — Dedit etiam et concessit idem dom. Jordanus
dictis hominibus de Dalbs quod quilibet faciat et possit facere,
in suis terris, vineas et prata, et quod reddant dicto dom. Jordano
et heredibus suis de quolibet arpento vinee sex den. tol. oblias
(-arum) et sex den. tol. reacapite, quando evenerit, et de quolibet
aripento prati quatuor den. tol. obliarum, et quatuor den. tol.
reacapite quando evenerit; et de una cartonata terre ad faciendam
bordam et aream duos den. tol. oblias et duos den. tol. reacapite
quando evenerit.

44. — *Garde des récoltes cédée à la communauté.* — « Dedit
insuper dictus Jordanus messegariam et cognitionem messegarie
dictis consulibus et universitati dicte ville infra terminos supradictos », de telle sorte que l'université de lad. ville ait le tiers
des *justices* qui proviendront de lad. messegarie, que l'autre tiers
soit dud. Jourdain et de ses héritiers « pro justiciis exhigendis »,
et que le tiers restant appartienne à lad. ville pour les frais de
levée.

45. — *Liberté pour chaque habitant de faire un pigeonnier.* —
Plus led. Jourdain a accordé que tout habitant de lad. ville pourra
faire et tenir librement « columbarium, in suo honore ».

46. — *Terroir réservé par le seigneur*. — Plus led. Jourdain retient et se réserve le territoire appelé *Tirapel*, de telle sorte cependant que lesd. hommes de Daux « habeant dictum territorium eo modo quo aliis donaretur ad portionem vel oblias pro aliis viventibus ».

47. — *Défense de chasser dans le devez seigneurial*. — Et quod dicti homines non possent venari in devesio dicti domini Jordani.

En outre led. Jourdain a promis de porter bonne garantie aux habitants au sujet desd. terres incluses dans les confronts ci-dessus indiqués. Et les parties ont consenti à ce que l'acte reçu par Mᵉ B. de Bigorre soit à l'avenir considéré comme nul et sans valeur.

« Actum fuit xii introitus septemb. », Phil. roi, et Hugues, évêque de Toulouse. L'an 1288. Témoins : sgrs Gui *de Passer*, curé de Brets, P. Beye, curé d'Aussonne, Brun de Cleves, écuyer, P. *Fulconi*, J. *Laurator*, H. Raynald, J. de Saria, B. d'*Esquerii*, Dominique *de Vivento*, P. de Ventimores, G. Tornier et R. *de Viridario*, not. de Toulouse, qui a écrit cet acte.

Copié, collationné et signé par P. de Fourès.

COUTUMES DE FAJOLLES.

1276.

Pour en finir avec les documents provenant de la *Saume de l'Isle*, nous devrions rapporter maintenant la charte de Fajolles ; mais l'ordre géographique des lieux, aussi bien que l'utilité qu'il y a à rapprocher cette coutume de celle d'Angeville, nous oblige à ne la faire connaître que plus loin, en même temps que cette dernière.

Voyez donc à la fin du volume, à l'article d'ANGEVILLE.

COUTUMES DE PUYVIDAL.

1280.

Cette localité, tout comme le château de Saint-Salvi, était située dans la partie ouest de la commune actuelle de Bouillac.

A plusieurs reprises, dans le cours du XIIIᵉ siècle et sans doute aussi du siècle précédent, des biens-fonds et des droits divers y furent vendus ou donnés aux religieux de Grandselve. En 1270, par exemple, Jourdain de Saint-Salvi leur céda gratuitement ce qu'il possédait à Puyvidal, à la réserve des droits de justice ; cette donation fut approuvée l'année suivante par les seigneurs suzerains de Jourdain, savoir : par Bern. d'Astaffort, chevalier, par son frère, G. de Saboulie, aussi chevalier, et par Othon de Terride et Raim. Jourdain, fils tous deux dud. Bern. d'Astaffort.

Le sieur de Terride et le couvent de Grandselve avaient des difficultés au sujet de Puyvidal lorsqu'une sentence arbitrale de 1278 vint régler le litige. Il fut décidé que la justice des meurtres, des rapts et des mutilations de membres appartiendrait à Terride, sauf les confiscations d'immeubles qui seraient réservées au couvent ; quant à la justice civile, elle resterait tout entière aux religieux de Grandselve, et Terride ne pourrait faire résider aucun bayle dans le lieu de Puyvidal pour y exercer sa juridiction sans le consentement du couvent. Enfin il ne serait permis à ce dernier de chercher à attirer et à établir à Puyvidal aucun habitant de Saint-Salvi.

La charte de coutumes que nous publions rappelle également que la haute juridiction était réservée au seigneur de Terride et montre que tous les autres droits féodaux appartenaient à Grandselve. Cependant un document de 1284 v. st. semblerait attribuer aussi une part de ces droits aux seigneurs de Saint-Salvi et de Couloumé, et porte que c'est en présence de ces seigneurs que les bayles de Puyvidal, établis par le couvent, devaient prêter serment à l'abbé.

Un nouvel arbitrage de 1325 confirma le couvent de Grandselve dans la possession des forges, fours et cens de Comberouger, Puyvidal, le Couloumé, etc. ; mais la haute et basse justice devait appartenir au sieur de Terride, lequel pourrait l'exercer dorénavant en tenant un bayle sur les lieux.

13 février 1279 (1280).

COUTUMES DE PUYVIDAL.

(Biblioth. de la Société archéol. du Midi. Invent. des titres de Grandselve,
f. 182, v°. — Registre du XVII° s.)

« Coutumes accordées aux habitans de Puyvidal par le sindic
de l'abbaye de Grandselve portant entre autres choses :

1. — Que celuy qui seroit pris de jour dans les jardins, prés,
vignes ou blez d'autruy, depuis le temps des deffences qui seroient
faites par M^{rs} l'abbé et religieux dud. monastère ou par leur baile,
payeroient auxd. seigneurs ou a leur baile et aux consuls dud.
lieu une amende de 6 deniers tolosains.

2. — Plus, pour chaque teste de gros bestail, 1 denier tol.;
par pourceau, brebis ou chèvre, un obole tol., sans préjudice de
réparer le domage ; lesquelles amendes seroient partagées en
trois blots, dont l'un appartiendroit auxd. abbé et religieux,
l'autre au garde ou messeguier dud. lieu, et le troisième auxd.
consuls qui seroient tenus de l'employer à la closture dud. lieu
et à la réparation des pons et passages et chemin ou en d'autres
necessitez.

3. — Plus, que led. garde ou messeguier seroit établi par le
baile desd. seigneurs et par lesd. consuls.

4. — Plus, que celuy qui entreroit de nuit dans les jardins,
blez, près et vignes d'autruy seroit tenu de payer auxd. s^{rs} abbé
et religieux ou à leur baile une amende de 20 sols tolosains et
de réparer le domage.

5. — Plus que celuy qui tiendroit un faux poids ou mesure
payeroit une amende de 20 sols tol. auxd. sgrs ou à leur baile.

6. — Plus que les perdrix, levrauts et lapins seroient vendus
dans led. lieu au prix réglé par lesd. abbé et religieux.

7. — Plus que celui qui recevroit quelque grief du baile dud.
lieu pourroit se rendre appellant devant lesd. sgrs ou sindic.

8. — Plus que les consuls dud. lieu seroient tenu de prester
annuellement le serement de fidélité auxd. s^{rs} abbé et religieux.

9. — Plus, que les actes passez devant les notaires établis aud.

lieu par lesd. sgrs auroient la même force et valeur que les actes
publics.

10. — Plus que si quelqu'un décedoit sans héritiers ou sans
faire testament les consuls seroient tenus, du mandement des sgrs
ou de leur baile, de dresser inventaire des biens et effets du défunt
et de les tenir à leur main pendant un an et un jour; et, si dans
ce terme il n'y paroissoit point d'héritier, ils seroient tenus de
remettre lesd. biens auxd. sgrs ou baile pour en faire ce que bon
leur sembleroit.

11. — Plus que celui qui auroit été mis en instance pour
quelque dette, et ne fairoit pas raison à son créancier dans
l'espace de quatorze jours, payeroit auxd. sgrs ou baile 6 deniers
tolosains, en cas qu'il confessat la dette, et, s'il la dénioit, celuy
qui perdroyt sa cause leur payeroit aussi 6 d. tol. Et s'il y avoit
procès pour d'autres choses le condemné seroit tenu de leur payer
aussi 6 d. tol.; et si celuy qui auroit formé l'instance désistoit
d'en faire la porsuite pendant un mois, il seroit de même tenu
de leur bailler 6 d. tolos.

12. — Plus que celui qui auroit laché des parolles piquantes
et injurieuses seroit tenu de payer auxd. sgrs 6 d. tol. en cas
qu'il y eut plainte contre luy, et encore 2 sols par livre pour la
réparation de l'injure.

13. — Plus, que celuy qui tireroit un couteau ou espée contre
un autre, sans l'en fraper, seroit néantmoins tenu de payer auxd.
sgrs 5 s. tol.; et s'il y avoit effusion de sang, sans murtre ni
murtrissure, il leur bailleront 30 sols tolosains, sans préjudice
de reparer le domage.

14. — Plus qu'il n'y auroit point d'autre four aud. lieu que
celuy desd. srs abbé et religieux et que les habitans seroient tenus
d'y cuire leur pain, et de leur payer pour chaque carton de froment
ou autre blé 4 d. tol., outre le droit de mande.

15. — Plus que ceux qui fairoient du pain aud. lieu pour le
revendre pendant une année ou environ payeroient aux. sgrs
1 den. tolos. chaque judy saint.

16. — Plus que ceux qui seroient en procès pour raison de
quelques terres ou biens immeubles leur payeroient (aux sgrs)
a la fin de l'instance 2 sols tolos. par livre.

17. — Plus que le baile dud. lieu prêteroit le screment de fidelité en présence des consuls et prometroit de rendre justice à un chacun.

18. — Plus que lesd. abbé et religieux créeroient chaque année les consuls aud. lieu, le lendemain de la Noel.

19. — Plus que le baile desd. religieux et les consuls auroient le droit et faculté de faire faire les chemins publics, passages, fossés et cloture dud. lieu et autres choses nécessaires et utiles du consentement du sindic de lad. abbaye et d'y faire contribuer les habitans du lieu.

20. — Plus que la mesure du vin seroit conforme à celle de Verdun et les autres mesures à celle de Toulouse.

21. — Et à même temps les habitans dud. lieu de Puyvidal reconneurent que l'entière justice dud. terroir appartenoit auxd. s^rs abbé et religieux, à la réserve des causes criminelles où il s'agiroit de quelque effusion de sang, dont la connaissance étoit attribuée à la cour du s^r de Terride; et qu'ils tenoient desd. s^rs abbé et religieux tous les biens que lesd. habitants possédoient aud. lieu et qu'ils devoient leur en payer annuellement certains droits et services.

22. — Ils reconneurent aussi qu'ils étoient sujets immédiatement auxd. s^rs abbé et religieux de lad. abbaye et qu'ils devoient payer annuellement aux infirmiers de lad. abbaye, à chaque feste de la Circoncision, une gelline pour chaque feu allumant;

23. — Déclarant aussi qu'ils rendroient le serement de fidélité au s^r abbé, et porteroient leurs causes dèvant le baile qui seroit établi aud. lieu par led. monastère, exceptez les cas spirituels et les matières criminelles lorsqu'il s'agiroit d'effusion de sang.

Lesquelles coutumes furent confirmées par lesd. habitans et ont été reçues par Dieudonné Genebra, notaire de Beaumont, le 13 février 1279; — et sont sur un extrait en papier fait, parties appellées, à la requisition de Vilar, procureur du sindic de lad. abbaye, par Depoey, huissier au parlement de Toulouse, le 2 may 1619 ».

COUTUMES DE COMBEROUGER.

1282 ET 1296.

L'abbaye de Grandselve, qui avait, dès le milieu du XIIe siècle, une grange à Comberouger, ne cessa, jusqu'au siècle suivant, d'y recevoir des donations.

Les coutumes de 1282 ne mentionnent que les religieux comme seigneurs justiciers ; mais il paraît que bientôt, sinon dès ce moment, le sieur de Terride prétendit avoir aussi des droits de juridiction à Comberouger, ce qui amena sans doute les parties à conclure ou à reconnaître entre elles un paréage qui est souvent mentionné dans la suite. On retrouve cette division du domaine féodal du lieu entre les mêmes seigneurs dans une seconde charte de coutumes de 1296 et aussi dans une sentence arbitrale de 1325. Il est dit en effet, dans ce dernier acte, que la justice haute, moyenne et basse de Comberouger, sera exercée en commun, que dans les confiscations le sieur de Terride mettra les biens fonds hors de sa main dans l'an et jour afin que l'abbaye ne perde pas ses droits de censive, que ladite abbaye aura le droit de mésséguerie et de forestage dans ledit lieu ainsi que les forges, les fours et sa directe, et enfin que Terride percevra le péage.

---

29 DÉCEMBRE 1282.

COUTUMES DE COMBEROUGER.

(Bibl. de la Société arch. du Midi. Inv. des titres de Grandselve, f. 136, v°. — Reg. du XVIIe siècle.)

« Coutumes et privilèges accordez au nom de M^r l'abbé et des religieux de Grandselve par Dom Pierre Sobac, religieux et sindic de lad. abbaye, aux consuls, sindics et habitans de Comberouger, par lesquelles il est porté :

1. — Que le baile dud. lieu, nommé et établi par led. sindic dudit monastere en présence desd. consuls, seroit tenu de prêter le serement de fidélité ez mains dud. sindic.

2. — Plus, que led. s^r abbé ou sindic fairoient annuellement

les consuls aud. lieu dans l'octave de Pâques, lesquels seroient tenus de prêter d'abord le serement de fidélité.

3. — Plus que le crieur dud. lieu seroit nommé par le baile de lad. abbaye et par lesd. consuls, lorsque lesd. abbé et religieux ou leur sindic le jugeroient à propos, sans qu'il luy fut permis de faire aucune criée que par l'ordre dud. baile ou consuls ou du mandement desd. seigneurs; et s'il arrivoit que quelque autre fit des criées dans lad. seigneurie led. baile le condamneroit à une amende de 10 s. tourn. applicables auxd. s^rs abbé et religieux, à moins qu'il les fit par ordre desdits seigneurs.

4. — Plus que lesd. baile et consuls, du consentement du sindic de lad. abbaye, pourroient changer et faire réparer les chemins publics, fossez, mauvais passages et clostures dud. lieu, et contraindre les habitants à contribuer aux frais et dépences qui seroient nécessaires pour cet effet. Et, si quelqu'un refusoit de payer sa cotte part, led. baile le condamneroit à une amende de 10 sols tournois, applicables auxd. s^rs abbé et religieux.

5. — Plus que celui qui entreroit de nuit dans la vigne, jardin, pré ou bien d'autrui, depuis les deffenses qui en auroient été faites par lesd. seigneurs ou par leur baile, payeroit une amende de 20 sols tolosains auxd. s^rs abbé et religieux et répareroit le domage.

6. — Plus que le poids et mesure dud. lieu seroit conforme à celuy de Toulouse.

7. — Plus que celuy qui auroit porté sa plainte contre un autre devant led. sindic ou devant le juge établi audit lieu par lesd. s^rs abbé et religieux ou devant lesd. baile et consuls, et qui étant condamné par sentence ou autrement aurait donné quelque chose pour se rédimer dud. procès, payeroit auxd. sgrs ou à leur baile une amende de 12 den. tolos. outre celle à laquelle il auroit été condamné.

Lesquelles coutumes et privilèges furent d'abord confirmez par lesd. consuls et sindics dud. Comberoger, et receues par Bernard de Montanhol, notaire de Beaumont, le troisième de l'issue de décembre 1282. »

5 DÉCEMBRE 1296.

AUTRES COUTUMES DE COMBEROUGER.

(Bibl. de la Société arch. du Midi. Inv. des titres de Grandselve, f. 145, v°. —
Registre du XVIIe siècle.)

« Confirmation par P., abbé de Grandselve, et par mes^{re}
J. Roger de Comminge, chevalier, faisant pour lui et comme
procureur de dame Maradge de Terride, sa femme, fille et héritière
de mess. Bertr. de Terride (1), des coutumes et privilèges accordés
aux habitants et consuls de Comberoger par noble Othon de
Terride et par lad. abbaye, le 5 déc. 1296.

Lesdites coutumes sont insérées en lad. confirmation et portent
entre autres choses :

1. — Que les seigneurs ne pourroient imposer aucune taille,
queste ou albergue dans led. lieu que du consentement desd.
consuls et habitants.

2. — Plus, qu'aucun desd. habitants ne pourroit être pris
par lesd. sgrs ou par leur baile ni leurs biens saisis, pourvu qu'il
donnât caution, à moins qu'il eût commis quelque meurtre ou
d'autres crimes.

3. — Plus, que celui qui entreroit de jour dans les jardins,
vignes et prés d'autruy, depuis les deffenses faites de la part desd.
sgrs, paieroit auxd. consuls une amende de 12 den. tolos., et pour
chaque bête grosse qui y seroit surprise 2 den. tourn., pour chaque
pourceau ou truye 1 den. tourn., et pour chaque brebis, chèvre

_____

(1) D. Vaissète (éd. Privat, VII, 121), après le P. Anselme, II, 673, désigne
sous le nom de *Marie* la fille de Bertrand de Terride, épouse de Roger de
Comminges ; mais comme le second de ces auteurs lui donne dans un autre
endroit, p. 644, le nom de *Marcyde*, très rapproché de celui de notre texte, et
que ce dernier se retrouve d'ailleurs dans la famille (*Docum. hist. sur le Tarn-
et-Gar.*, par M. Moulenq, I, 133), nous sommes porté à croire que *Maradge* ou,
si l'on veut, *Marcyde* et même *Maraude*, sont des leçons préférables à celle qui
a été adoptée dans l'*Hist. de Languedoc*.

Notons aussi, en passant, que le P. Anselme se contredit et se trompe lorsque,
à la page 644, il appelle le père de Maradge *Bernard* au lieu de *Bertrand*
de Terride. Ce Bertrand de Terride vivait encore en 1407 et ne mourut pas,
comme on l'a dit, dans le cours du XIVe siècle.

ou bouc une obole tourn., et autant pour chaque oison ou autre oiseau, et en outre repareroit les dommages ; voulant lesd. seigneurs que lesd. amendes fussent employées par lesd. consuls aux réparations des pons et chemins.

4. — Plus, que celui qui entreroit de nuit dans les jardins, vignes et prés d'autrui, avec un panier ou autre chose semblable, paieroit auxd. sgrs une amende de 20 s. tourn., et, s'il n'avoit ni sac ni panier, il leur bailleroit seulement 2 sols tournois.

5. — Plus, que celui qui seroit surpris avec une fausse mesure, canne ou aune seroit tenu de payer auxd. sgrs une amende de 40 sols.

6. — Plus que lesd. consuls seroient tenus de prêter le serment de fidélité auxd. sgrs et que les autres habitans feroient un semblable serment en présence desd. consuls.

7. — Plus, que si quelqu'un mouroit dans led. lieu sans héritier légitime et sans faire testament, lesd. consuls avec le baile desd. seigneurs fairoient inventaire des biens du défunt et les garderoient pendant un an et un jour ; et en cas que dans ce terme il n'y parût personne pour recueillir led. héritage, tous les effets mobiliaires du défunt appartiendroient aud. sgr de Terride et les biens immeubles aud. monastère.

8. — Plus que celui qui seroit mis en procès pour quelque dette, s'il ne satisfaisoit à son créancier dans quatorze jours, paieroit 2 sols tourn. auxdits sgrs, et en cas de déni de ladite dette celui qui perdroit sa cause seroit tenu de leur payer la dîme de la chose contestée, outre lesdits 2 sols.

9. — Plus, si quelqu'un lachoit des parolles piquantes et injurieuses contre un autre et qu'il y eût procès là dessus, il seroit tenu de payer auxdits sgrs 12 den. tolosains, et encore 2 sols par livre de l'amende civile, à laquelle il seroit condamné.

10. — Plus, que celui qui tireroit simplement un couteau contre un autre paieroit 20 sols tolosains d'amende auxd. sgrs, et s'il l'en frappoit jusqu'à effusion de sang, 30 sols tolosains, et s'il y avoit meurtrissement ou rupture de membre 60 sols tol. ou davantage au gré desd. sgrs, outre la satisfaction qui seroit ordonnée en faveur du blessé, et, s'il en mouroit, le meurtrier seroit puni suivant la volonté desd. sgrs et ses biens meubles confisqués

en faveur dud. sʳ de Terride, et les immeubles qui seroient tenus à fief de lad. abbaye au profit desd. sʳˢ abbé et religieux.

11. — Plus, que si les biens de quelque habitant dud. lieu tomboient en commis, les créanciers seroient payés en premier lieu et le reste desd. biens appliqué au profit desd. sgrs.

12. — Plus que les larrons et homicides seroient punis au gré de la cour dud. lieu.

13. — Plus, que celui qui seroit surpris en adultère courroit nud par led. lieu, de même qu'on le pratiquoit à Toulouse, ou payeroit cent sols tourn. auxd. sgrs, à son choix.

14. — Plus que le marché se tiendroit aud. lieu chaque judy.

15. — Plus que celui qui poursuivroit quelque bien ou possession paieroit 2 sols par livre auxd. sgrs.

16. — Plus que le baile dud. lieu seroit tenu de prêter le serment de fidélité en présence des consuls.

17. — Plus que la création et l'élection des consuls se fairoit chaque an le lendemain de la Résurection, et, en cas ils ne fussent pas nommés led. jour, les vieux consuls exerceroient led. office jusqu'à ce que lesd. sgrs en eussent établi d'autres.

18. — Plus que lesd. consuls auroient le droit et faculté de faire réparer les chemins et mauvais passages.

Lesquelles coutumes et privilèges furent reçus par B. de Montanol, notaire de Beaumont, le 5 décembre 1296.

Et lad. confirmation est de nov. 1413 ».

COUTUMES ET PARÉAGE DE GILHAC.

1274 ET 1275

Le territoire de Gilhac se confondait avec celui de la paroisse de ce
nom ou de Sainte-Radegonde, aujourd'hui compris dans la partie
nord de la commune de Beaumont (Tarn-et-Garonne) ; il se prolon-
geait vers le S.-E. jusqu'à la Gimone et peut-être même dépassait
ce cours d'eau.

La seigneurie temporelle aussi bien que la seigneurie ecclésiastique
du lieu appartenaient, au XIIIe siècle, aux religieux de Grandselve,
lesquels avaient été dotés de la première par les seigneurs de Faudoas
et d'Arcombat, et de la seconde par Bern. d'Astafort et le prieur
de Sainte-Geneviève. Tout en faisant sa donation, en 1183, ce dernier
s'était réservé un cens annuel de 6 den. morl. en faveur de son
prieuré, situé à Astaffort.

C'est sur ce domaine que le couvent de Grandselve entreprit, paraît-il,
dès 1273 et années suivantes, une fondation de bastide, comme le
font soupçonner de nombreux baux à cens qu'il concéda à cette
époque et encore la charte de coutumes que nous publions. Les
consuls et les habitants de Gilhac, qui reconnurent, en février 1274,
devoir au couvent une géline par feu allumant ainsi que les droits
de censive, déclarèrent en même temps qu'ils n'étaient justiciables
que de l'abbé et des religieux ; et l'on verra, du reste, que les mêmes
seigneurs figurent seuls dans la charte de coutumes du mois de
décembre suivant. Mais les officiers royaux, qui devaient être d'autant
plus jaloux d'étendre leur autorité dans cette région qu'elle était
restée jusque là le domaine à peu près exclusif de la féodalité,
ne tardèrent pas obtenir la coseigneurie du lieu. Un paréage attri-
buant au roi la moitié des droits fonciers ainsi que toute la haute
justice et la moitié de la basse, fut signé en effet en 1275.

Fut-il reconnu bientôt que l'emplacement de Gilhac était mal choisi
ou insuffisant, et renonça-t-on à l'espoir d'y voir grandir une ville
neuve ? Ce qui porterait à le croire, c'est que cinq ans n'étaient pas
encore écoulés lorsque le roi et le couvent conclurent un autre
accord pour la fondation de la ville toute voisine de Beaumont.
On sait que cette nouvelle bastide ne tarda pas à devenir florissante,
et c'est dès lors sans doute que son territoire dut absorber celui
de Gilhac.

23 DÉCEMBRE 1274.

COUTUMES DE GILHAC

(Bibl. de la Soc. archéol. du Midi. Inv. des titres de Grandselve, f. 375. —
Reg. du XVIIᵉ siècle.)

« Coutumes et privilèges accordez aux habitants de Gilhac par
Bertrand, abbé, et par les religieux de Grandselve, par lesquelles
il est porté :

1. — Que celui qui entreroit de jour dans les jardins, vignes,
prés ou blez d'autruy, sans le consentement des propriétaires,
depuis les défenses faites de la part des seigneurs (c.-à-d. de l'abbé
et desd. religieux), seroit tenu de leur payer ou à leur baile et aux
consuls du lieu 6 den. tol., et, en défaut de paiement, qu'il seroit
puni par led. baile suivant l'exigence du cas.

2. — Plus, que le messeguier ou garde des fruits seroit annuellement institué dans le lieu par lesd. baile et consuls.

3. — Que celui qui entreroit de nuit dans les jardins, vignes et
blés d'autrui, après la défense faite par le monastère, paiera auxd.
sgrs une amende de 30 sols tolosains et réparera le domage.

4. — Si les bestiaux étaient surpris aud. temps des défenses
dans lesd. jardins, prés, vignes et blés, leurs maîtres paieroient au
baile et consuls par tête de gros bétail 1 den. tol. d'amende, par
pourceau ou truie 1 denier tournois, par brebis ou chèvre une
picte, sans préjudice de réparer le domage.

5. — Les sommes qui proviendront desd. amendes seront
partagées en 3 blots, dont un au couvent, un aux consuls qui
l'emploieront aux réparations des chemins, ponts et autres utilités
du lieu, et un au garde des fruits.

6. — Ceux qui tiendront de faux poids ou mesures paieront une
amende de 20 s. tol., et, s'ils y sont surpris plus de 2 fois, seront
punis par le baile selon l'exigence du cas.

7. — Les revendeurs de pain pairont chaque an aux sgrs ou a
leur baile 1 den. toul.

8. — Ceux qui débiteront du vin leur payeront chaque an 1 deu. toul.

9. — Les choses comestibles ne pourront être vendues qu'à la place du lieu à peine de 4 den. applicables auxd. sgrs; et les lièvres, lapins et perdrix seront débités suivant la taxe faite par lesd. seigneurs.

10. — Les élections consulaires se feront chaque an le jour de la Circoncision, et les consuls nouvellement créés par lesd. sgrs leur prêteront serment de fidélité. En même temps les habitants prêteront aussi serment de fidélité auxd. seigneurs.

11. — Le baile et consuls, de l'avis du procureur ou sindic du couvent, feront faire les réparations des chemins, fossés et cloture du lieu, et à cet effet pourront faire des impositions et contraindre les habitants au paiement de leur cote-part.

12. — Si quelqu'un décède aud. lieu sans héritier et sans testament, les consuls tiendront sous leur main les biens du défunt pendant l'an et jour, et après en avoir dressé l'inventaire; et, en cas qu'il n'y parût point d'héritier durant led. terme, les consuls remettront lesd. biens au couvent pour en disposer à son gré.

13. — S'il y a procès pour quelque dette et si le débiteur, après l'avoir avérée, n'y satisfait pas dans 14 jours, il paiera aux seigneurs 12 d. pour droit de clameur; en cas de deni de lad. dette, celui qui perdra sa cause leur paiera une amende de 2 sols tolosains.

14. — Celui qui aura laché des parolles piquantes et injurieuses, leur paiera 12 d. tol., en cas que l'offensé eût fait sa plainte, et encore 2 s. tol. par livre pour la réparation de l'injure.

15. — Celui qui battra simplement du poing, leur paiera 3 s. tol. d'amende; celui qui donnera un souflet 5 sol. tol.

16. — Celui qui baillera malicieusement quelque coup de pierre ou de bâton leur paiera 5 sols tol., en cas que l'excédé ait porté plainte, et en cas d'effusion du sang ou de rupture de membre la peine ou amende sera augmentée.

17. — Celui-là sera puni suivant les lois qui aura violé quelque femme ou fille.

18. — Celui qui aura tiré un couteau contre un autre, sans l'en

frapper, paiera néanmoins 10 sols tol. d'amende, et s'il l'en blessoit jusqu'à effusion du sang, sans murtre ou rupture de membre, 30 sols tol.; et seroit encore tenu de reparer le dommage. Et s'il y avoit rupture de membre il bailleroit aux sgrs 60 sol. tol., outre toujours la réparation civile.

19. — Et si l'excédé mouroit de ses blessures, le murtrier seroit puni au gré desd. sgrs ou baile et ses biens confisqués aud. couvent.

20. — Les biens des condamnés seront mis sous la main des sgrs et ce qui restera après le paiement des dettes sera dud. monastère.

21. — Celui qui sera pris en adultère courra par led. lieu suivant la coutume des autres endroits, ou bien paiera aux sgrs ou à leur baile 100 sols tolos., à son choix.

22. — Aucun habitant ne pourra transporter ses biens en main forte, morte ou de droit prohibée.

23. — Chaque maison aura 10 stades en long, 3 en large, et les habitants paieront auxd. sgrs 3 den. tol. de cens à chaque fête de Toussaint; pour chaque maison ou aire [il sera dû] suivant le plus ou le moins.

24. — Les habitans paieront auxd. sgrs pour le droit de fournage 4 d. tol. pour chaque carton de froment avec le droit de mande.

25. — Aucun habitant ne pourra avoir de four particulier [aud. lieu], pendant que les sgrs y auront le leur.

26. — Lesd. habitants ne pourront aiguiser ailleurs leurs ferramens que dans la forge desd. sgrs, en payant au forgeron suivant la coustume des lieux circonvoisins.

27. — S'il y avoit quelque différend pour des biens mobiliers, celui qui perdroit sa cause, paieroit auxd. sgrs à la fin du procès 2 sols tol. par livre, avec le droit de clameur.

28. — Si quelqu'un travaille en jour de feste, il payera une amende de 6 den. tol., une moitié applicable auxd. sgrs et l'autre au luminaire de l'église du lieu.

29. — La mesure du vin sera conforme à celle de Verdun.

30. — La canne, aune et mesure du blé, huile et autres choses seront semblables à celles de Tholose.

31. — Si les habitants faisoient des assemblées au préjudice desd. sgrs, ils seroient tenus de leur payer ou a leur baile une amende de 60 sols tol.

32. — Led. baile et les consuls dud. lieu auront l'exercice de la justice.

33. — Il sera permis aux habitants de faire paître leurs bestiaux et prendre du bois pour leurs maisons et usages, dans les terres et forêts que lesd. sgrs ont depuis la Gimone jusqu'au ruisseau de Goniro, et depuis la terre du sʳ Gaston de Juniac jusqu'à la terre des sgrs d'Arcombat, excepté le bois qui est proche led. ruisseau de Gimonne, à la charge de payer annuellement auxd. sgrs 10 liv. de cire à la fête de la Purification.

Lesquelles coutumes et privilèges furent d'abord confirmées par les sindics de lad. communauté, et reçues par Bern. Raymond de Regges, notaire de Toulouse, le 9ᵉ de l'issue de décembre 1274. »

---

30 MARS 1275.

PARÉAGE DE GILHAC

(Bibl. de la Soc. arch. du midi. Inv. des titres de Grandselve, f. 376, vᵒ. — Reg. du XVIIᵉ siècle.)

« Paréage de Gilhac entre Bertrand, abbé de Grandselve, et le roi Philippe III ou son sénéchal de Toulouse.

Lesd. abbé et couvent de Grandselve donnent au roi la moitié du lieu et terrain de Gilhac pour y bâtir une ville, avec cette condition que la moitié des censives, leudes, péages, fours, bancs et droits féodaux appartiendront au roi et l'autre moitié au couvent, par indivis.

Led. couvent donnera à chaque habitant, qui aura maison aud. lieu, une casalère de terre pour y faire un jardin, et jusqu'à un arpent de terre pour y planter vigne; et les censives et autres droits en provenant seront partagés par moitié entre le roi et le couvent.

La moitié des clameurs, justices, amendes, juridiction temporelle et confiscations jusqu'à 60 s. tol. seront au roi, et l'autre moitié au couvent ; et quant aux sommes excédant 60 s. tol. elles seront en entier au roi, à la charge toutefois que si des immeubles du paréage tomboient en commis, ils seront partagés par moitié entre cosgrs, à la réserve des confiscations pour hérésie qui seront toutes au roi. Et si les terres tenues en fief du couvent tomboient en commis ou étaient confisquées, lesd. cosgrs en auroient chacun la moitié. Si les terres qui sont communes au couvent et au roi tomboient en commis pour hérésie ou autrement, led. couvent seroit tenu de les ôter de sa main dans l'an et jour et les bailler à des personnes non privilégiées, sous censive.

Led. couvent et le roi auront aud. lieu une place pour y faire bâtir telles maisons qu'il leur plaira.

Lad. ville sera toujours possédée par indivis par le roi et ses successeurs sans pouvoir être aliénée par lui qu'en faveur de lad. abbaye.

Il y aura un baile commun pour les cosgrs, qui leur prêtera serment ; et les incans et criées seront faits au nom desd. cosgrs.

Les tailles faites aud. lieu par le roi en particulier ou par le couvent en particulier seront partagées également entre lesd. cosgrs, à moins qu'il ne s'agisse d'une taille imposée par le roi d'une manière générale dans tout le royaume.

Si lad. ville venoit à être détruite toutes les choses comprises dans led. pareage reviendroient aud. couvent.

Le couvent se réserve de pouvoir faire bâtir une église ou chapelle dans l'enceinte de lad. ville, et que le chapelain dud. lieu aura une maison franche et exempte de tout subside, proche lad. chapelle.

Led. couvent de réserve tous les droits ecclésiastiques sur les terres du pariage, conformément à la coutume des lieux circonvoisins.

Le roi ne pourra permettre aux clercs, chevaliers ou religieux de s'établir dans la ville sans le consentement du couvent.

Le couvent baillera à fief avec le roi les terres qui leur sont communes.

Les juges et autres officiers qui seront institués en lad. ville prêteront serment au roi et au couvent.

Le roi établira aud. lieu un marché par semaine et une foire pour chaque année.

Led. paréage reçu par Bern. Raimond de Regges, notaire de Toulouse, le 2ᵉ jour de l'issue de mars 1275 ».

———————————

COUTUMES DE LARRAZET.

1265.

Pour Larrazet, comme pour les autres localités de Tarn-et-Garonne, dont nous donnons les chartes, le lecteur trouvera sans doute prochainement des notices détaillées dans les *Documents historiques* que M. Moulenq a commencé de publier. En attendant, nous consignerons ici que l'abbaye de Belleperche, qui fut d'abord établie dans cette commune, y jouit de divers droits féodaux, notamment sur le territoire de Camnac. Mais, bien que les coutumes de 1265 ne citent comme seigneur que les religieux de ce couvent, il est certain qu'une partie de la juridiction appartenait au seigneur de Terride, qui, en 1281, la vendit à Jourdain de l'Isle. On voit, du reste, que, celui-ci s'étant rendu à la bastide de Larrazet, en 1284, fut reconnu propriétaire par indivis de la moitié de la haute et basse justice par les consuls du lieu et par l'abbé de Belleperche.

---

2 JUIN 1265.

COUTUMES DE LARRAZET.

(Biblioth. nation. Collect. Doat, vol. 91, f. 171. — Copie du XVIIᵉ siècle.)

In nomine Domini. Notum sit omnibus hominibus præsentibus et futuris hanc cartam legentibus vel audientibus quel senher Don Guilhem Jaufrei adonc abad del mostier de nostra Dona Sancta Maria de Bellaperca, ab voluntat et ab autrejamen de fraire Americ de Serval et de fraire R. de Montalba, suc prior, de fraire R. de Moncuc et de fraire Peire de Braguairac et de fraire P. d'en Valles et de fraire Helias Cingunas et de fraire Johan de Gimbreda et de fraire Guilhem Manha et de fraire Guilhem Lombart et de fraire Foles et de fraire Ar. Foguasset

et de fraire R. de Borda et de fraire R. Jo. et de fraire P. Sennher
et de fraire P. del Laur et de fraire P. Andrieu et de fraire Helias
lo granger et de fraire Arnaud Simon et de fraire Berenguer,
pervesedor de Cordoa, et per tot l'autre convent del dicq mostier
present et endevenidor et en nom del dig mostier, donec et autrejec
bonamen a tot los habitans et a las habitantas de la bastida
de Laraset que aras y so ni per enant issirant, per tot temps
endurabletat valedoiras, totas aquestas costumas et establimens
et franquesas que dejos s'en seguo et son contengudas, lasquals
so aitals, so es assaber.

TRADUCTION DE DOAT (1) : « Soit connu que le sgr dom Guil-
« laume Geofroy, alors abé du monastère de Belleperche, du
« vouloir et octroy de frère Aimeric de Ferval, de fr. R. de Mon-
« tauban soubs prieur, fr. R. de Moncuc, fr. Pierre de Braguairac,
« fr. B. de Valles, fr. Helies Cingumvas, fr. Jean de Gimbrède,
« fr. Guill. Manha, fr. Guill. Lombard, fr. Foles, fr. Arnaud
« Foguasset, fr. R. de Borda, fr. R. Jo., fr. P. Sennher, fr. P.
« Dulaur, fr. P. André, fr. Helies Granger, fr. Arnaud Simon
« et de fr. Berenger, pourvoyeur de Cordoue, pour soy et pour
« tout l'autre couvent dud. monastère, present et advenir, et au
« nom dud. monastère, donna et octroya bonnement à touts les
« habitans et aux habitantes de la bastide de Laraset, qui à
« présent y sont ou seront à l'advenir, les coustumes, establisse-
« ments et franchises qui dessous s'ensuivent et sont contenues,
« valables à tousjours, lesquelles sont telles : »

1. — *Des cautions et des droits de justice du seigneur dans les*
effusions de sang, vols et homicides. — Quis clama al senhor que
done fiansas et si i a sanc foyso ay lo senhor trento sols tolosans
justesia per lo dig mostier ; lairo et omicidi es per volontat del
senhor justesiar.

TRADUCTION : « Qui se plaint au sgr donne des cautions, et

---

(1) Pour faciliter la comparaison des art. correspondants des deux textes,
nous avons intercalé successivement cette traduction dans le corps de l'acte
roman. Il eût été sans doute plus logique de donner ce dernier texte sans inter-
ruptions et de rejeter chaque article français dans une note au bas de la page ;
mais les exigences de la régularité typographique ne nous ont pas permis
d'adopter cette disposition.

« s'il y a effusion de sang le sgr y a 30 sols thoulousains de
« justice pour led. monastère. Larron et homicide sont justiciables
« à la volonté du sgr ».

2. — *Droit de justice dans les plaintes (communes?)* — De clam
comial deu aver lo senhor dous sol. sies denies tolosans justesia.

« De plainte commune le sgr doit avoir 2 s. 6 den. thol. de
« justice » (1).

3. — *Punition des menaces ou blessures faites avec des armes.* —
Qui traira armas ay trenta sols tolosans lo senhor justicia, si colp
non fa; et si colp ne fa, per volontat del senhor.

« Qui tirera armes, le sgr y a 30 sols de justice, si celui qui
« les tire n'en fait coup; et s'il en fait coup, [il est] à la volonté
« du sgr ».

4. — *Punition de l'adultère.* — E sil senhor o sos balles troba
home ab femna maridada o home molherat ab femna que sia
sobre lles, braguas baissadas, de dias, quel prengua ab dos proshomes de la vila, et si s'i troba de nuegts, ans que la mainada
de la maio sia [a?] jaser, quel prengua come de dias, et, si la
mainada de la maio es [a] jaser, quel prengua a coneguda de dos
proshomes de la villa.

« Et si le sgr ou son baille trouve un homme avec femme mariée
« ou homme marié avec femme, qui soit sur elle, brayes abaissées,
« de jour, qu'il le prene avec deux prud'hommes de la ville;
« et s'il l'y trouve de nuit avant que la famille de la maison soit
« couchée, qu'il le prene comme de jour; et si la famille de la
« maison est couchée, qu'il le prene à connaissance de deux
« prud'hommes de la ville ».

5. — *Droit de pesage du blé.* — El pes del blat tant n'y avia
deu aver la mitat lo senhor per lo dig mostier, et deu pesar lo

_____

(1) Les chartes que nous connaissons mentionnent bien parfois des causes
civiles, mais non des « plaintes communales ou communes ». Il est à croire,
en effet, que, dans les cout. d'Auvillar, art. 138, *causa comminal* doit être
remplacé par *causa criminal*, et c'est peut-être une correction analogue qu'il
faut faire dans le texte de Larrazet, car, outre que cet article est placé au
milieu de ceux relatifs aux crimes, on voit qu'à Auvillar, article 4, le seigneur
avait un *droit de plainte* de 5. s. morl. pour chaque 20 s. d'amende. Dans cette
même localité, il est, du reste, question de *fach criminal* à l'art. 150.

sester per una liura, quant aia pesaduras (1), et, si plus ni avia, que n'aya per raso del sester.

« Au poids du bled, lorsqu'il y en aura, le sgr doit avoir la « moitié pour led. monastère et doit peser le cestier pour une « livre lorsqu'il aura du bled à peser, et s'il y en avoit davantage « qu'il en ayt au prorata du cestier. »

6. — *Droit sur la boucherie.* — Del masel a li senhor los lombles, et al dimenge de cada porc mealha margoiresa, d'aitant co hom lo dimenge n'i tendra. De cada maselier que auseria vaca, que a masel la tragua à vendre, de tot l'an, deu donar le cap els pes a Nadal el senhor abad predich el nom del dig mostier, et, si no n'i avia, dos deniers tolosans.

« De la boucherie le sgr a les rables, et le dimanche il a de « chaque pourceau meaille melgoroix de tant qu'on en y tiendra, « le dimanche, de chaque boucher qui tuera vache et qui l'expo- « sera en vente en boucherie, le sgr abé au nom dud. monastère « doit avoir de tout l'an la teste et les pieds à la Noel, et s'il « n'en y avoit, 2 den. thoulousains. »

7. — *Achat à crédit réservé par le seigneur.* — Lo senhor abas predig et seu loctenent a espera de quinse dias de tota causa que compre o fassa comprar dels habitans o habitairic de Laraset o d'alcu d'aquels, ab bon pennchs et ab bonnas fiansas que done al cavalier de la vila a cercal (2).

« Led. sgr abé et son lieutenant a terme de quinze jours de « toute chose qu'il achepte ou fasse achepter des habitans ou « habitantes de Lar. ou d'aucun d'eux avec bons gages et avec « bonnes cautions qu'il donne cependant au chevalier de la ville. »

8. — *Conditions dans lesquelles le bailli peut exiger des cautions.* — Cant lo balles de l'avandig senhor abad demandara fiansas

---

(1) Si ces trois mots ne signifient pas « pour tant de pesées partielles qu'il y ait », peut-être doit-on les corriger par *que n'i aja de pesaduras*, en donnant alors à *pesaduras* le sens fourni par Du Cange (vᵒ *pesadura*) et en admettant que la préposition *de* a été sous-entendue dans le texte, de même qu'elle l'est dans cette expression 30 *sols justesia* (art. 1, etc.).

(2) Il faut remplacer sans doute *acercal* par *atertal*, semblable ; mais cette correction ne suffit pas pour comprendre la disposition contenue dans les derniers mots de la phrase.

a lunh home o a femna de Laraset deu l'i dire quis clama et si clamant vol mostra e no li dit o aqui presens no era vol ne dar neguna (1); et quand dich lo aura deu las y dar lo dia et l'endema et si no torna lo dia a l'endema si ades dig denant, lo senhor lo deu prendre la on lo trobara et pel lire de las fiansas no deu dar justicia ; et cant lo senhor lo menara pres deu le dar a manlevar a tot home, de luy seguros ne sia que devant luy vengua.

« Lorsque le baile dud. sgr abé demandera cautions à aucun
« home ou femme de Lar., il luy doit dire qui est celuy qui se
« plaint, et s'il ne luy veut monstrer le plaignant, et ne le luy
« dit ou qu'il ne soit là present, il ne lui en donnera point aucune;
« et lorsqu'il le luy aura dit, il les y doit donner le mesme
« jour ou le lendemain, et s'il ne revient le mesme jour ou le
« lendemain dessus dits, le sgr le doit prendre là ou il le trouvera,
« et pour le chois des cautions il ne doit point donner justice ;
« et lorsque le sgr le menera prins, il en doit donner la main
« levée à tout homme dont il sera asseuré, qui se presente devant
« lui (2). »

9. — *Délais accordés soit que l'accusé ait donné soit qu'il n'ait pas donné caution.* — Si hom era que las fiansas no posco donar, deu lo veguers del senhor abat et sos balles ades far jutgar als prohomes de la vila etnans que en sa preisso lo meta; et ad aquel que dadis aura las fermansas lo senhor deu lo dar dia per VIII dias de plaidejar.

« Si c'estoit un homme qui ne peut donner les cautions, le
« viguier du sgr abé et son baile le doivent faire juger d'abord
« aux prud'hommes de la ville avant qu'ils le mettent dans sa
« prison ; et le sgr doit donner huitaine à celuy qui aura donné
« les cautions pour venir plaider. »

10. — *De la garde des pourceaux appartenant au seigneur.* — Del senhor abat eis la porcaria de la vila, que la deu far guardar

---

(1) Nous croyons que l'on pourrait corriger ici : *et sil clamant no li mostra e no li dis, o aqui presens no era, pot ne dar* (ou *no li deu dar* ou *no ne deu*) *neguna,* et s'il ne lui montre et ne lui nomme le plaignant ou si celui-ci n'est pas là présent, il n'a à donner aucune caution. Voyez une prescription analogue à Auvillar, art. 139.

(2) Rapprochez de ces dernières lignes l'art. 12 du Castéra.

sis vol a son porquer, et deu aver en cada porc lo premier mesi
mealha tholosana vesaduras, et del premier mes denant mealha
malgoiresa en cada porc, et de cada truega que tesone deu aver
I tesso, la una vets porc et l'autra truega, et senhor deu aver
de la truega le chas et gensor tesso, el porquer deu se abitar
els autres, et deu lo tener lo senhor de la truega I mes. Et tot
proshom de la vila de Laraset et tota prosfemna fara guardar
sos porcs meseys a son porguer ses vol, ab so que des autres
los seus porcs demest los seus no aculha.

« La porcherie de la ville est du sgr abé qui la doit faire garder
« par son porcher, et il doibt avoir en chaque pourceau le premier
« moys méaille thoulousaine vesaduras, et du premier mois après
« meaille melgoroix en chaque pourceau, et de chaque truye qui
« aura des tessons un tesson, l'une foys pourceau et l'autre truye,
« et le sgr doit avoir le chois de la truye et le plus beau tesson,
« et le porcher doit alaiter les autres et le sgr (c'est-à-dire le
« maître) de la truye le doit tenir un moys ; et tout prud'homme
« de la ville de L. et toute prudente femme faira garder s'il veut
« ses pourceaux propres à son porcher, pourveu qu'il ne reçoive
« point d'autres pourceaux parmi les siens. »

11. — *Du four seigneurial et des redevances perçues pour faire
sécher le blé*. — Del senhor abat predig so li forns de la vila
de Laraset et deu far coser lo sestier dels blats als proshomes
e al poble de la vila per un denie tholosan, et a las pestoresas
per dos deniers tholosans, et cecar lo blat que hom voldra moldre
en conser, si blat mulhat no era que de aquel deu aver mealha
tolsana del cestier.

« Les fours de la ville de L. sont du sgr abé, et il doit faire
« cuire le cestier de bled aux prud'hommes et au peuple de la ville
« pour 1 den. thoul., et aux boulangères pour 2 den. thoul.,
« et sècher le bled qu'on voudra moudre et cuire, et si le bled
« n'estoit pas mouillé il en doit avoir méaille thoulousaine du
« cestier. »

12. — *Protection promise à celui qui serait arrêté en venant
s'établir dans la ville*. — Tot hom que volio venir estar a la bastida
de Laraset, pueys que[s] redut estággers al senhor abat predig
et a son balle, pueys que sira en la villa que vengua, si lunh

hom lo prendra nil destriguava, lo senhor abas per lo predig mostier e li autre proshome de la villa lo devo demandar com la ı autre natural home de la vila.

« Tout homme qui voudra venir demeurer en la bastide de L.,
« si, après qu'il se sera rendu manant au sgr abé et a son baile,
« et qu'il sera en la ville, il voyageoit, et que quelque homme
« le print ou retardat, le sgr abé, pour led. monastère, et les
« autres prud'hommes de la ville le doivent demander comme
« un autre homme naturel de la ville (1). »

13. — *De l'arrestation du voleur surpris en flagrant délit.* — Lairo, quil pren sobre laironici, aquel a cuy es fags lo laironecis deu cobrar so aver, el lairo redre al senhor, et aver sil porta, del vestir que vest en foras, que aquel ne pot aver, aquel quel pren ses vol.

« Larron qui est prins sur le furt, celuy à qui est fait le larcin
« doit recouvrer son bien et rendre le larcin au sgr et le bien
« s'il en porte jusqu'à l'habit qu'il porte (*sous-ent.* exclusivement),
« lequel celuy qui le prend peut avoir s'il le veut. »

14. — *Sécurité promise à tout habitant, en sorte que l'on ne peut, à raison de dettes, arrêter sa personne ou saisir ses habits, son blé et son mobilier usuel.* — Tot hom deu esser segurs a la bastida de Laraset que estadjans ne sia, que ja per embarc (2) que deja, sos cors pres no sia per balle ny per lo senhor abat ni per so loctenent ni per autrui, nil penhorara hom sos vestir ny sos draps de uon (*corr.* son) lieg, ni son pa ni son blat, sil porta a moli, ni so vi adosilhad, ni sas armas, escut ni capel ni lansa ni cofa ni arc ni balesta ni croc ni carcais.

« Tout homme doit être seur à la bastide de L., s'il en est
« habitant, sans que, pour debte qu'il doive, son corps soit prins
« par le baile ni par le sgr abé ny par son lieutenant, ny par
« autruy, et on ne luy pignorera point ses habits, les draps de
« son lit, son pain, ny son bled, s'il le porte au moulin, ni son

---

(1) Dans le corps de la phrase, nous préférerions traduire, pour notre part : «... et qu'il aura atteint le territoire de la ville, venant s'y établir, quelque homme l'arrête et le retient de vive force, devra être réclamé par l'abbé, etc. ».

(2) Cette expression, qui manque à nos lexiques, est à Auvillar, art. 24.

« vin percé, ses armes, escusson (bouclier), chapeau, lance, coiffe,
« arc, arbaleste, croc ny carquois. »

15. — *Redevance due au seigneur pour le droit de forge et obliga-*
tions du forgeron. — Lo lauses de las farguas es al senhor abad
et al dig mostier et deu aver de cada parelh de buous tres carteras
de blat, meitat formen, meitat mestura rasara passat. Et sil
lauraire y metia mais buous per quartar ni per cubrir no deu dar
mas per un parelh. El faure que tendra la fargua deu le caussar
sa relha et son coutre et so gazen una vetz l'an et far los agulhos
els ferramens tots aquels que a l'araire s'aperteno et agusar totas
et qualas horas que obs l'aura.

« Le droit des forges est au sgr abé et aud.. monastère, et il
« doit avoir de chaque paire de bœufs 3 cartières de bled moitié
« froment, moitié mesture rasoire passée ; et si le laboureur y
« metoit plus de bœufs pour quarter ou pour couvrir (c'est-à-dire
« faire les semailles) il ne doit doner plus que pour une paire.
« Et le forgeron qui tiendra la forge doit luy chausser sa reilhe,
« son hachereau et son gasen une foys l'an, et faire tous les
« éguillons et tous les ferremens qui appartiennent à l'araire et
« esguiser toutes les heures qu'il en aura besoin. »

16. — *Droit de correction corporelle permis à chaque prud'homme*
sur sa famille. — Et si lungs proshom se corrosara al sa mainada
els batia els forsava, ab que nols ausiza, del sobre plus no es
tengut lo proshom si clams non issia al senhor ni sil fa far
invesidit (1) sa maio ab que lo forsag reda al senhor.

« Et si aucun prud'homme se courrouçoit avec ses enfants
« (ou mieux avec les gens de sa famille ou maison) et les batoit
« et violentoit, pourveu qu'il ne les tue, il n'est point tenu du
« surplus, si plainte n'en estoit faite au sgr ny s'il fait faire
« jueri *(sic)* dans sa maison, à la charge qu'il rende le forfait
« au sgr. »

17. — *Amende contre ceux qui s'opposent aux dépositions de*
plaintes en justice. — Si lunh hom se va clamar et autre hom lo

_____

(1) Nous nous demandons si on ne pourrait pas, en corrigeant le texte, adopter
le sens suivant : « ... ni le seigneur ne fait violer (*envazir*) son domicile, pourvu
qu'il remette l'objet du forfait *ou bien* celui qui a été forcé ».

veda per que aquel clam remangua, aquel quel clam veda paga
la justisia dos sols et sies deniers tholosans, et sil clams cujava
esser fags de sang foio paga trenta sols tolosans d. tot.

« Si aucun homme va se plaindre et qu'un autre homme le
« luy deffende pour empescher la plainte, celuy qui aura deffendu
« la plainte payera 2 s. 6 d. toul. de justice ; et si la plainte
« devoit estre faite d'effusion de sang il payera 30 s. thoul. »

18. — *Responsabilité des chefs de maison.* — Et si clams issia
de molher ni d'efant ni de mainada de degunc proshome de la
bastida de Laraset, pot desamparar lo malfachor lo senhor de la
maio sil vol totas horas tro dreg n'aia mandat, que non er tengut
de senhor ni d'home per degun dreg ni per deguna costuma, et
ni sos avers ni sa honors per nul forfachs que fag aguesso la
molher ni li effant ni sa mainada ni lunh sos vesniars (*corr.*
bestiars (1).

« Et si plainte sortoit de femme, d'enfant ou de famille d'aucun
« prud'homme de la bastide de L., le sgr (c'est-à-dire le maître)
« de la maison peut délaisser s'il veut toutes heures le malfaicteur
« jusqu'à ce qu'il en ayt promis droit, sans qu'il soit tenu au sgr
« ny à homme par aucun droit ny par aucune coustume, luy, ses
« biens ny ses honneurs, pour aucun forfait que la femme, les
« enfants ou sa famille ou aucun de ses bestiaux eussent fait. »

19. — *Des fausses mesures.* — Tot home que mesura falsa
tengues ab que vendes ni compres seria encoregut per fals.

« Tout homme qui tiendra fausse mesure avec laquelle il vendra
« ou achetera sera confisqué pour faux. »

20. — *Règlement de la vente du vin au détail.* — Li taverner,
puisque auran lo vi atavernat ni fag cridar, nol devo afolar puish
ab vinada ni ab aiga, ni devo la mesura mermar, tant co aquela
mostra durara e si o cambiavan lo senhor abas n'auria d'aquel
que o cambiaria trenta sols de Tholosa justesia.

« Les taverniers, depuis qu'ils auront ouvert les tavernes et
« fait crier le vin, ne le doivent mixtionner avec d'autre vin
« (*plus exactement* ne doivent en altérer la qualité en le mêlant

---

(1) Il est aussi question d'animaux dans l'article correspondant de Mauvezin
(éd. de M. Bladé, p. 130).

« avec de la piquette) ny avec de l'eau ny ne doivent diminuer
« la mesure tant que l'enseigne durera, et s'ils la changeoint, le
« sgr abé en aura de celuy qui la changera 30 s. thoul. de justice. »

21. — *Punition des vols de légumes commis pendant le jour.* —
Et tots hom que intrara en casal ni en ort et de la ortalessa ne
traira de dias, dous sols sies deniers justesia.

« Et tout homme qui entrera en jardin et qui en sortira du
« légumage, de jour, [payera] 2 s. 6 d. de justice. »

22. — *Punition des mêmes vols ou autres, faits dans la nuit.* —
Et si de nuochs s'intra qu'en traisses en sac o en paner o d'autra
manera que o panes de nuechs, encoregud es como lairo en volontat
de senhor. Et tot lairo que de nuechs panes a cuy quel laironecis
fes fags encoregut es lo lairo del senhor senes tot plahc et senes
guirent.

« Et s'il y entroit de nuit et qu'il en tirat en sac ou en panier
« ou de quelque autre manière qu'il le dérobat de nuit, il sera
« confisqué comme larron a la volonté du sgr. Et tout larron qui
« derrobera de nuict à qui que ce soit que le larcin soit fait, sera
« confisqué au sgr sans aucun procès et sans garant. »

23. — *Successions ab intestat.* — Si lunhs hom de la vila de
Larazet moria sens ordenir (1), lo senhor abas et sos balles deu
prendre l'aver et las honors de luy, ab que ferme be al capitol de
la vila que o reda si parens ni orden y venia tro el cap de l'an; el
senhor et sos balles que o prengua per conoichensa de dos proshomes de la bastida de Laraset.

« Si aucun homme de la ville de L. mouroit ab intestat le sgr abé
« et son baile doivent prendre son bien et ses honneurs en baillant
« caution au capitoul (*c.-à-d.* au chapitre des consuls) de la ville
« de les rendre si ses parens ou ordre y venoit jusqu'au bout de
« l'an; et que le sgr ou son baile les prenent par connaissance
« de 2 prud'hommes de la bastide de L. »

24. — *Du jugement des demandes faites aux habitants par le
seigneur.* — Sil senhor abas et sos balles demandava alcuna causa
a lung home o a femna estaja de la vila de Laraset, deu lo senhor

---

(1) Corrigez peut-être par *ordenc* ou *orden* qui a parfois le sens de *testament.*

ades far jugar a sa cort, so es assaber als proshomes de la vila, et
si mostras li so jugiadas, deu dire et dar sos sabedors ans que
denant le cort se parta, et deu parlar us cadaus, que la us l'autre
no auja si seran accordant; et no deu estre pres lunhs hom de sa
mainada ny que so pa manegge par cada dia.

« Si le sgr abé ou son baille demandoient aucune chose à aucun
« homme ou femme habitant de la ville de L., le sgr le doit faire
« juger d'abord à sa cour, c'est à sçavoir aux prud'hommes de la
« ville, et s'il a des tesmoins a produire il les doit nommer et
« produire avant qu'il se porte devant la cour (1), lesquels
« doivent parler l'un après l'autre sans que l'un entende l'autre
« pour voir s'ils seront accordans, et aucun homme de sa famille
« ny qui son pain mange chaque jour ne doit estre prins [pour
« témoin]. »

25. — *Des procès criminels poursuivis sans qu'il y ait plainte.* —
Sil senhor abas vol demandar per si methis nulh plais de crim ses
clam que non aja agut a lung home et a femna de Larazet deu lo
metre denant la cort et no deu aver fiansas, tro sabedors l'aia
donadas, mas sas causas pot ben veser et sagramen de luy aver
quel drech perseguia et que son corps ni so aver no aliane ni
deffugisca. El senhor no pot donar de plag de crim sabedors sos
homes domenis ni lun home estranh si estajas no era de la vila
de Laraset.

« Si le sgr abé veut former de soy mesme aucun procès criminel
« à aucun homme ou femme de L. sans qu'il en ayt eu plainte, il le
« doit introduire devant la cour et ne doit point avoir des cautions
« jusqu'à ce qu'il luy ait promis des témoins; mais il peut bien
« voir ses choses et exiger serment de luy qu'il poursuivra le droit
« et qu'il n'alienera son corps ny ses biens et qu'il ne prendra
« point la fuite. Et le sgr ne peut produire pour tesmoins en
« procès criminel ses hommes domestiques ny aucun homme
« estranger s'il n'estoit manant de la ville de L. »

26. — *Des objets volés achetés de bonne foi par quelque habitant.*

---

(1) Peut-être pourrait-on traduire aussi, dans ce passage : « ... et si l'emploi
de preuves lui est adjugé, il doit déclarer et donner ses témoins avant qu'il
se retire de devant la cour... »

— Si lunhs homne o femna privat o estranhs amenava o aportava
alcuna causa vendre a la vila de Laraset et aquela causa alcus hom
o alcuna femna estadjas de la vila bastida de Laraset crompava
el mercat de la discha vila, apoblalment, dins la vila, en carrera
drecha, que li proshome coneguesso que fos comprat legalment, et
aquo podia proar aondantment, que o cobres, ab que sio seu ; pero
si amparaire venia que diches que a lui era estada panada aquela
causa et aco podia proar aondanment, que o cobres, ab que redes
al comprodor aco que dat y auria.

« Si aucun homme ou femme, domestique (*ou mieux* habitant)
« ou étranger amenoit ou aportoit aucune chose pour la vendre à
« la ville de L. et qu'aucun homme ou aucune femme, manant de
« la ville bastide L. l'achetat au marché de lad. ville ou publique-
« ment dans la ville, en rue droite, que les prud'hommes conneus-
« sent que cela fut acheté loyallement et qu'ils le peussent prouver
« autentiquement (*corr.* suffisamment), celuy à qui la chose sera
« la recouvrera. Toutesfois s'il y venoit personne qui dit que cette
« chose luy avoit esté desrobée et qu'il le peut prouver auten-
« tiquement, il la recouvrera en rendant à l'acheteur ce qu'il aura
« donné. »

27. — *Punition de l'usage de faux poids.* — Et tot hom o femna
que pes fals tengues en la vila de Laraset o que vendes ny compres
que fos encoregut al senhor.

« Et tout homme ou femme qui tiendra faux poids dans la ville
« de L. avec lequel il vendra ou achetera sera confisqué au sgr. »

Totas aquestas costumas et franquesas aissi com son dichas et
escriutas et contengudas, l'avandichs senhor abas ab voluntat et
ab autreiament del sobredich fraires et per tot l'autre covent del
mostier sobredig et per si meteis et en nom del dig moster donec
et autreget bonamen en durabletat et per tot temps valedoiras a
tots los habitans et a las habitairits de Laraset que aras isso ny
per enant y seran.

« Toutes ces coutumes et franchises ainsi qu'elles sont mieux cy
« dessus dites et escrites et contenues led sgr abé, du vouloir et
« consentement des susd. frères et pour tout l'autre couvent du
« sud. monastère, et pour soy mesme et au nom dud. monastère,
« donna et octroya bonnement, à toujours valables à tous les

« habitans et habitantes de L. qui a présent y sont ou seront à
« l'advenir. »

Totas aquestas costumas et franquesas sobredichas receubo, per
lor et per tots los autres habitans et habitairits de Larraset que
aras isso ny per avant y seran, Domengo de Gleia, en Arnaut
d'Astarac, en Bernat de Lalsa, en Guillem Jorda, en P. Granad,
en Bertran del Vignard, en Audric Norman, en Ricart de Laraset,
en Arnaut del Brulh, en Guillem Sans de Bearn, en Ramon de
Pogsegur, en Johan de Lavelanet, en P. Bearnes, en Sans
d'Astarac, en Arnaut Langles, en Vidal de Pogsegur, en P.
Gualhart, en Ramon de Cardalhac, en Guilhem d'Astarac, en
Bonet Bearnes, en Guillem de Leveda, en Guillem Sans, lical
eran presens.

« Toutes les coustumes et franchises susdites receurent pour
« eux et pour touts les habitans et habitantes de L. qùi a présent
« y sont ou seront à l'advenir Dominique de l'Eglise, Arnaud
« d'Astarac, Bernard de Lalsa, Guillaume Jordain, P. Granad,
« Bertrand de Vignard, André Norman, Ricard de Laraset, Arn.
« de Brulh, Guill. Sans de Béarn, Raym. de Puysegur, Jean de
« Lavelanet, P. Béarnois, Sans d'Astarac, Arnaud l'Anglois,
« Vidal de Puysegur, P. Gaillard, Raym. de Cardaillac, Guill.
« d'Astarac, Bonet Bearnois, Guill. de Leveda, Guill. Seus,
« lesquels estoient présents. »

Et aqui methis l'avandig senhor abas ab voluntat et ab autrejamen dels sobredigs fraires et per tot l'autre convent deldig
mostier et en nom deldig mostier mandet et promes als sobredigs
proshoms de Laraset que el totas las costumas o las franquesas
sobredichas, totas et senglas, lor guardara et lor servara per aras
et per tot temps et que en contra no vendra ny fara venir per si
ny per autruy en degun temps en deguna manera.

« Et à mesme temps led. sgr abé, du vouloir et consentement
« des sud. frères et pour tout l'autre couvent dud. monastère,
« manda et promit aux susd. prud'hommes de L. qu'il leur
« gardera et observera pour ores et pour toujours toutes et
« chacunes les coustumes et franchises susdites et qu'il ne viendra
« ny ne faira venir au contraire par soy ny par autruy en aucun
« temps en aucune manière. »

Hujus rei sunt testes Guillelmus de Bolbestra, capela de Montay, en Bertrand de Cucmont, en R. de Sarrant, en R. Mauret, et Raimon....... Columbarii, communis scriptor Castri Sarraceni, qui hanc cartam scripsit.

« Temoins, Guill. de Bolbestre, chapelain de Montay, Bertrand « de Cucmont, R. de Sarraute, etc. »

Hoc fuit actum mense junii, secunda die introitus, anno Domini millesimo ducentesimo sexagesimo quinto ab Incarnatione........ rege Francorum regnante, Alfonso comite Tholosano, Raymundo episcopo.

(Extrait par Doat d'une copie en parchemin trouvée aux archives de l'abbaye de Belleperche.)

COUTUMES D'ANGEVILLE, 1270

ET

DE FAJOLLES, 1276.

(Voir ci-dessus p. 97.)

Dès 1267, le lieu d'Angeville aurait eu ses consuls, et le comte de Toulouse et l'abbé de Belleperche s'y seraient partagé les droits seigneuriaux ; mais on peut garder des doutes sur l'exactitude de la date. Cette localité paraît en effet avoir emprunté son nom (*Nangervilla* ou *Nangiervilla*, 1271, 1294 ou 99, *Angevilla*, 1270, 1372) au sénéchal Thibaud de Nangeville, qui lui concéda la charte de coutumes, et l'on sait que ce sénéchal n'a administré le Toulousain qu'à partir de 1269.

Quoi qu'il en soit, le *Saisimentum* montre que, dans cette bastide de même que dans celle de Cordes, la haute et la basse juridiction appartenait, dès 1271, au successeur d'Alfonse de Poitiers, et que les religieux de Belleperche jugeaient seulement les procès relatifs aux fiefs dont ils étaient seigneurs. Ce n'est que quelques années plus tard que le roi, au moyen d'un échange ou d'un paréage, céda à l'abbaye de Belleperche une partie de ses droits sur Angeville.

Quant à Fajolles, M. Du Bourg (*Hist. du Grand Prieuré de Toulouse*, 256), a déjà fait connaître les lignes principales de son histoire. Ajoutons ici seulement que, d'après la Saume, Jourdain de l'Isle avait acheté en 1281 à Oton de Terride l'entière juridiction que ce dernier possédait dans le château de Sérignac et quelques localités voisines, entre autres celles de Fajolles et de Coutures. Des débats élevés entre le nouveau seigneur et les Hospitaliers, au sujet de leurs droits respectifs, furent remis à des arbitres en 1284 ; mais les difficultés subsistèrent, paraît-il, jusqu'au moment où Jourdain abandonna son quart de la seigneurie de Fajolles aux chevaliers de Saint-Jean qui, à leur tour, lui cédèrent le château de Brax, 1299.

Dans l'intervalle, Jourd. de l'Isle jouissait du domaine de Cadeilhan, dans la même commune, et, en 1290, son bailli permit aux consuls de Fajolles d'y faire dépaître des bœufs pendant un certain temps.

---

2 DÉCEMBRE 1270 (1).

9 JANVIER 1275·(1276) (2).

COUTUMES D'ANGEVILLE

Bibl. nation. Coll. Doat, vol. 91, f. 190.
— Copie du XVIIᵉ s.)

1. — Tibaudus de Anguilla (*corr*. Nangevilla), miles, senescallus Tholosæ et Albiensis pro illustrissimo domino Alfonso, filio regis Franciæ, comite Pictaviæ et Tholosæ, universis præsentes literas inspecturis salutem.

· 2. — Subditorum precibus libenter acquiescimus cum per nos [a] nobis quod justum esse credimus postulatur. Hinc est quod nos proborum hominum de villa de Angevilla, Tholosæ diocesis, in terra illustrissimi

COUTUMES DE FAJOLLES

(Arch. de Tarn-et-Gar. Fonds d'Armagnac. Saume de l'Isle, f. 1420, vᵒ. — Copie du XVIᵉ s.)

1. — Sachent tous, presents et à venir, que l'an 1275, « die jovis infra octavam Epiphanie Domini », nous frère Guill. de Vilaret, de la maison de l'Hôpital de Saint-Jean, prieur de Saint-Gilles, avec le conseil et l'assistance de plusieurs frères de l'ordre, et, entre autres, de E., précepteur du Bordelais et de l'Agenais, d'Albert de Rozet, précepteur de Pexiora, de Bern. *de Commineriis*, précepteur de Toulouse, de *De Tornello*, précepteur de Boulbonne (3), et de

---

(1) Nous avons dit que ce texte est semblable à ceux des chartes de Najac et de Villefranche, publiés dans les *Études hist. sur le Rouergue*, par de Gaujal, I, 326, et dans les *Layettes du Trés. des Chartes*, III, 297. Aussi nous a-t-il été facile de le rétablir dans sa pureté primitive en recourant à ces deux chartes et, en particulier, à la seconde, qui, mieux encore que celle de Najac, se trouve fidèlement imitée par le rédacteur d'Angeville.

· (2) On connaît déjà les raisons (p. 11 et 97) qui nous ont fait placer, en regard de la charte d'Angeville, la coutume de Fajolles, bien que celle-ci se trouve ainsi séparée des autres pièces du Cartulaire des seigneurs de l'Isle. Ajoutons que les archives de l'ordre de Malte, à Toulouse, possèdent aussi le même texte, et que, pour le cas où l'on voudrait reproduire intégralement les franchises d'Angeville, il serait bon sans doute de recourir à l'exemplaire de ce dépôt, afin d'améliorer la copie souvent défectueuse que nous avons trouvée dans la Saume.

· (3) Ce commandeur aurait donc, dès le commencement de 1276, n. st., remplacé à Boulbonne A. de Rosset, que nous venons de voir cité, du reste, comme précepteur de Pexiora. Confér. *Hist. du Grand Prieuré de Toul.*, par M. Du Bourg, 145.

domini comitis supràdicti existentium, precibus inclinati, habito proborum virorum religiosorum et secularium concilio, loco et nomine illustrissimi domini nostri comitis supradicti, dictis hominibus concessimus usus et consuetudines infra scriptas, quarum prima hæc est:

3. — *Amende contre ceux qui entrent, de jour, dans les propriétés d'autrui, quoique la défense en ait été faite.* — Quod si aliquis homo vel fœmina de die intraverit ortos, vineas aut prata [alterius] sine mandato vel voluntate illius [cujus] fuerint, postquam de mandato nostro quolibet anno defensum fuerit, paguet duodecim denarios Tholosanos consulibus dictæ villæ, si habeat unde solvatur (*corr.* — vat); alias ad arbitrium nostri judicis vel bajuli corporaliter puniatur.

4. — *Amendes pour les animaux qui commettent la même infraction, et emploi des sommes au profit de la ville.* — Et quælibet bestia quæ ibi inventa fuerit paguet unum denarium Tholosanum consulibus; si aves

Bertrand, précepteur de Fronton, avons octroyé, pour nous et nos successeurs, les libertés ci-après aux hommes et femmes « bastide nostre de Fajola, diocesis Tholose ». — Un autre passage, porté croyons-nous par erreur à la suite de l'art. 4, ajoute que ces coutumes sont acceptées en même temps par Guill. *de Barta* et Geoffroy de Palmier, qui, comme consuls de lad. bastide, agissent au nom de l'université de Fajolles.

2. — Même article à Fajolles : « Quod si aliquis homo vel femina de die intraverit ortos, vineas aut prata alterius sine mandato et voluntate illius cujus fuerint postquam de mandato Hospitalis nostri quolibet anno deffensum fuerit paget XII den. tol. consulibus dicte bastide, si habeat unde solvat, alias ad arbitrium preceptoris nostri Castri Sarraceni corporaliter puniatur vel illius qui in eadem bastida geret vices suas ».

3. — De même à Fajolles : « Et quelibet etc... paget I den. Tolosanum consulibus; si autem (*corr.* anser) fuerint(-it) etc. vel porcus unum den. caturcensem, etc. Denarii vero... mittantur in proficium dicte ville, videlicet

(*corr.* anser) fuerint (-it)vel avis consimilis vel porcus unum denarium caturcensem, et dominus cujus fuerit avis vel bestia dampnum tenebitur emendare. Denarios vero quos de hujusmodi emendis consules habuerint mittent impositum (*corr.* in proficium) dictæ villæ, videlicet ad reparationem itinerum, malorum passagiorum et viarum publicarum.

5. — *Exception pour les étrangers.* — Alienigenæ autem transeuntes, qui dictum defensum ignoraverint, pœnæ non subjaceant antedictæ, sed alias ad minus (*corr.* nostri) allocari (1) arbitrium puniantur.

6. — *Peines contre ceux qui entrent de nuit sur les propriétés d'autrui.* — Item, quicumque de nocte intraverit ortos, vineas aut prata alterius, sine mandato aut voluntate illius cujus fuerint, dicto domino comiti in viginti solidis Tholosanis sit incursus, postquam de mandato ipsius similiter fuerit quolibet anno defensum, et dampnum insuper emendabit.

7. — *Punition pour usage de faux poids ou fausses mesures.*

ad reparationem poncium, malorum etc. »

4. — De même à Fajolles : « ... ignorabunt...; sed alias ad preceptorem dicte bastide arbitrium puniantur ».

5. — De même à Fajolles : « ... dicto Hospitali nostro de Fajola sit incursus in xx sol. tol., postquam etc »

6. — De même à Fajolles.

---

(1) Il faut corriger ici par *allocati* qui est dans le texte de Villefranche. Voir, du reste, Du Cange, qui rappelle à ce mot l'article semblable d'une autre charte de 1284.

— Item quicumque in dicta villa tenuerit falsum pondus, falsam mensuram, falsam canam vel aliam (*corr.* alnam) dicto domino comiti in viginti solidis Tholosanis condempnetur; et si ultra duas vices hæc comiserit ad arbitrium dicti domini comitis vel sui judicis punietur(-atur).

8. — *Confiscation des viandes malsaines vendues par les bouchers.* — Item, carnifices qui carnes vendiderint, in villa prædicta, bonas carnes et sanas vendant, quæ si bonæ vel sanæ non fuerint capiantur et pauperibus errogentur, et illis qui eas emerint præsentium (*corr.* precium) refunditur (-datur).

9. — *Gains que les bouchers sont en droit de faire, selon les diverses époques de l'année.* — A festo autem Sancti Michaëlis usque ad Passe (-cha) lucrentur in quolibet solido obolum Tholosanum tantum, et a Passe (-cha) usque ad festum Sancti Michaelis duos denarios Caturcenses tantummodo. Et quicumque carnifex in hoc mandatum nostrum excesserit in duobus solidis Tholosanis et uno denario dicto dom. comiti puniatur ad solvendum.

10. — *Gain des boulangers.* — Quilibet autem pistor seu pistorissa vel aliquis panem

7. — Même disposition à Fajolles.

8. — Même disposition.

9. — De même à Fajolles.

faciens ad vendendum in dicta villa lucretur in uno sestario frumenti tres denarios tholosanos et furfur tantummodo, et hoc secundum magis et minus, et, si amplius lucratus fuerit, totus panis capiatur et pauperibus tribuatur.

11. — *Les comestibles destinés à être vendus doivent être portés d'abord sur la place.* — Omnes vero res comestibiles et quæ (*corr.* ex quo) ad dictam villam fuerint adportatæ ad vendendum non vendantur donec potius ad plateam fuerint adportatæ, dumtamen prius hoc ex parte dicti dom. comitis in dicta villa defensum fuerit et clamatum, et hoc (*corr.* hæc) defens[i]o duret donec (1) a festo Sancti Johannis Baptistæ usque ad festum Sancti Michaëlis; et qui contravenerit dicto comiti in quatuor denariis Tholosanis condempnetur.

12. — *Tarif du gibier.* — Perdix quidem, lepus et cuniculus vendantur ad pretium quod in hoc (2) foro ex parte dom. comitis jam dicti fuerit proclamatum.

13. — *Les comestibles, fruits et gibier, ne seront soumis à la*

10. — Même article à Fajolles : « Omnes vero res comestibiles ex quo ad dictam villam fuerint deportate ad vendendum, non vendantur donec prius ad placiam fuerint deportate, dumtamen prius ex parte Hospitalis predicti in dicta bastida deffensum fuerit et clamatum, et hec deffensio duret a festo beati Johannis Baptiste usque ad festum beati Michaelis; etc. »

11. — De même à Fajolles.

12. — De même à Fajolles, où la fin de l'art. est toutefois

(1) Ce mot est inutile.
(2) Ce mot manque à Villefranche et à Fajolles.

leude que le jour du marché. —
Item quicumque res comestibiles
ad dictam villam portaverit,
volatilia, silvestrem bestiam,
pomam, pira et similia non det
leusam nisi die fori.

14. — *Les habitants sont toujours exempts de leude pour ce
qu'ils vendent ou achètent à leur
usage.* — Item nullus habitans
in dicta villa det leudam de re
quam vendat vel emat in villa
jam dicta ad usus suos die fori
vel alio, in foro vel extra.

15. — *Nul habitant ne doit
être arrêté, sauf dans les cas
permis, et s'il lui est fait violence
par le représentant du seigneur,
il pourra faire appel à la cour
de ce dernier.* — Item volumus
quod nullus bajulus vim seu
violentiam inferat [h]om[i]ni-
bus dictæ villæ, personas eorum
capiendo vel retinendo, nisi in
casibus qui corporis exigunt
captionem, quibus exceptis, si
vim forte faceret, personam aliquam capiendo vel detinendo,
ille cui vis fieret posset ad
curiam dicti dom. comitis appellare, data cautione ydonea de
stando juri in curia domini comitis supradicti.

16. — *Serment des consuls au
seigneur.* — Sane consules dictæ
villæ jurabunt se defendere fideliter et servare corpus illustris-

amplifiée : « ... non dent leudam
nisi die fori, si forte forum esset
in eadem bastida ».

13. — Même disposition à
Fajolles.

14. — De même à Fajolles :
Aucun précepteur ou son lieutenant ne pourra commettre de
violence, etc.; en cas de trans-
gression de ce privilège, « ille
cui vis fierit, dit le prieur de
Saint-Gilles, possit ad nostram
curiam appellare, etc. »

15. — De même à Fajolles :
« ... et servare corpus nostrum
et preceptorum suorum et jura
nostra, etc. »

simi domini nostri comitis supradicti et membra, et etiam
jura sua, et quod officium consulatus, quamdiu erunt in officio,
fideliter exequentur, [nec] munus aut servitium ratione officii
ab aliquo capient per se vel per
alium, nisi id quod de jure esse
(*corr.* est) concessum quibus
(*corr.* cuilibet) in officio existen-
tibus(-tenti).

17. — *La communauté jure à
son tour de donner son aide aux
consuls.* — Communitas quidem
dictæ villæ jurabit in præsentia
consilium(-sulum) dicto domino
comiti vel mandato ipsius dare
ipsis consulibus bonum consilium et fideliter(-dele) pro posse
suo, dum requisitus(-ti) fuerit
(-int), salvo eorum (1) dicto
dom. comiti in omnibus jure
suo.

18. — *Les actes du notaire
établi par le seigneur seront
valables.* — Item instrumenta
a publico notario, a venerabili
domino comite supradicto vel
mandato ipsius instituendo vel
potius instituto, facta, illam
firmitatem habeant quam habent
publica instrumenta.

19. — *Validité des testaments
faits devant témoins.* — Item

16. — De même à Fajolles :
Le serment y sera fait aud.
précepteur ou au délégué du
prieur.

17. — De même à Fajolles :
« Item, instrumenta, a publico
notario instituto vel instituendo
facta, illam firmitatem habeant
quam habent publica instrumenta ».

18. — Même art. à Fajolles.

---

(1) Ce mot, qui manque d'ailleurs à Villefranche, doit être supprimé, à moins
qu'on ne veuille le faire suivre de *et*.

testamenta, in extrema voluntate hominis coram testibus ydo-
neis facta, robur(-oris) obtineant
firmitatis(-tem).

20. — *Des successions ab
intestat.* — Item si quis decesserit sine hærede qui hæres esse
non debeat et testamentum non
fecerit, consules dictæ villæ de
mandato dicti domini comitis
bona ejus per annum et diem
custodiant, descriptis tamen per
bajulum ipsius dom. comitis
bonis hominis prædicti, et, si
interim non ven[er]it hæres qui
hæreditare debeat, dicto dom.
comiti reddant dicta bona ad
suam voluntatem faciendam.

21. — *Amende contre celui qui,
au bout de quatorze jours, ne paie
pas ce qu'il a reconnu devoir, et
aussi contre celui qui réclame à
tort une dette.* — Item, omne
debitum cognitum, si clamor
factus fuerit, nisi infra quatuordecim dies persolvatur, debitor
solvat dicto comiti vel ejus
mandato duodecim denar. tholosanos pro clamore; si vero
negetur debitum et probari non
possit, qui victus fuerit dicto
dom. comiti in octo denarios
Tholosanos condempnetur.

22. — *Punition des injures.* —
Item si quis aliqui(-cui) verba
contumeliosa vel grossa dixerit,
nisi super hoc fiat quæstio dicto

19. — Même art. à Fajolles.
Les consuls sur notre ordre
(c'est-à-dire dud. prieur), gar-
dent les biens, *descriptis tamen
per preceptorem*, etc.

20. — De même à Fajolles.
L'amende appartient à l'Hôpital : « in octo den. tol. Hospitali
predicto condemnetur ».

21. — Article semblable à
Fajolles.

dom. comiti, non tenetur ad
emendam ; si quæstio fuerit
tendor (*corr.* tenetur) in duodecim denar. tholosanos pro clamore et pro extimatione injuriæ
in duobus solidis Tholosanis pro
libra.

23. — *Fixation de l'augment
ou gain de survie.* — Item, si
quis aliquam ducat in uxorem,
et cum ea mille solidos acceperit
pro dote, ipse det uxori suæ
propter nuptias quingentos solidos, et hoc secundum magis et
minus, nisi aliud pactum intervenerit inter eos; et si maritus
supravixerit, nec de uxore sua
infantem habeat, tota vita sua
tenebit totam dotem, et post
mortem suam parentes uxoris
vel hæredis dotem illam recuperabunt, nisi in perpetuum dederit
marito ; si vero uxor supravixerit nec infantem habeat vel
etiam habeat, ipsa recuperabit
dotem suam et donationem
propter nubtias, qua mortua,
infantes quos a marito habent
(-buerit) donationem propter
nubtias habebunt vel ille quem
maritus in testamento suo duxerit ordinandum.

24. — *Punition des blessures
ou menaces faites avec des armes.*
— Item qui gladium extraherit
contra alium, licet non percutiat, dicto dom. comiti in viginti

22. — Même article à Fajolles, mais avec omission du passage qui commence par *aliud
pactum intervenerit inter eos* et
finit par *heredis dotem illam
recuperabunt.* — Toutefois le
texte est plus correct qu'à Angeville pour la fin de la phrase :
« ... quos a marito habuerit donationem propter nubcias rehabebunt vel ille quem etc. »

23. — De même à Fajolles.

solidos Tholosanos condempnetur ; si vero percusserit, ita quod
sanguis exeat, in triginta solidos
Tholosanos puniatur, [et] emendet vulnerato. Quod si vulnerato
(*corr.* mutilatio) membri intervenerit, in sexaginta solidis
Tholosanis vel amplius, si dicto
dom. comiti placuerit, condempnetur, et nihilominus satisfaciat
vulnerato.

25. — *Punition des meurtres.*
— Si autem percussus pro ictu
moritur, qui ictum fecerit ad
voluntatem domini comitis prædicti vel mandati ipsius puniatur
et bona sua omnia ad manum
dicti comitis capiantur.

24. — Même art. à Fajolles.

26. — *En cas de confiscation
de biens on fait toujours en premier
lieu le paiement des dettes.* —
Item quicumque condemnatus
fuerit quacumque condempna-
tione, bona sua ad manum dicti
dom. comitis capiantur ; inde
tamen sua debita persolvantur
[et] residuum, si quæ (*corr.*
quod) fuerit, dicti domini comitis erunt (*corr.* erit).

25. — De même à Fajolles.

27. — *Punition des voleurs et
des assassins.* — Item latrones
et omicidii(-dæ) ad voluntatem
domini comitis punientur.

26. — De même à Fajolles.

28. — *Punition de l'adultère.*
— Item si quis in adulterio
deprehensus fuerit currat per
villam, ut in aliis villis domini

27. — De même à Fajolles :
« ... ut in villis aliis fieri consuevit, aut solvat nobis c sol.
tol. etc. »

comitis fieri consuevit, aut solvat dicto comiti vel mandato
ipsius centos Tholosanos, et quod
voluerit obtionem habeat eligendi.

29. — *Si le créancier ne peut
payer on doit avoir recours aux
biens de sa caution.* — Si quis
[pro] alio fidejusserit, si principalis debitor solvendi(-do) non
fuerit, idem qui fidejussit satisfaciat, si bona habeat unde solvat.

30. — *Les donations sont valables pourvu qu'elles réservent les
droits dus aux enfants.* — Item
quicumque rem suam dare voluerit, donet, et talis donatio per-
maneat in futurum, hoc salvo
quod liberis suis secundum usus
et consuetudines terræ certo
(*corr.* recta) prætio (*corr.* porcio)
tribuatur, salvo insuper jure
dicti domini comitis et cujuslibet
alterius in hoc casu (1).

31. — *On peut prendre à cens
d'un chevalier ou acheter librement
à tout vendeur, à moins qu'il ne
s'agisse de fiefs.* — Item concessimus prædictis hominibus quod
possint assensare de milite, et
emere de omni venditore qui
vendere voluerit, nisi sit feudum

28. — Même art. à Fajolles.

29. — De même à Fajolles :
«... et talis donatio firma perma-
neat etc... recta portio tribuatur,
salvo insuper jure nostro etc. »

30. — De même à Fajolles.

(1) Les cout. de Villefranche insèrent, entre les art. 30 et 31, une disposition
relative aux droits de pâturage qui manque dans les deux chartes que nous
publions.

vel res feudales, salvo jure dicti
dom. comitis.

32. — *Les étrangers pourront
s'établir dans la ville.* — Item
quicumque in dicta villa venere
voluerit seu habitare et mansionem facere, sit liber sicut alii
habitatores, si sine præjudicio
alterius fieri possit.

33. — *Cas où le seigneur peut
lever la quête.* — Item dicta villa
sit libera ab omni questa, nisi
fiat de voluntate hominum dictæ
villæ, exceptis tribus casibus in
quibus quæstam ibi facere possit
dictus dom. comes : pro redemptione sui propri[i] corporis, et
pro filia sua maritanda et causa
peregrinationis transmarinæ, si
ipsum(-se) contingeret trans-
fretare.

34. — *Cens dus au seigneur
pour les maisons des nouveaux
habitants.* — In domo qualibet
sive ayriali dictæ villæ, longa
de decem stadis et ampla de
tribus, debet habere dictus dominus comes annuatim in festo
Omnium Sanctorum tres denarios tholosanos censuales, [et
hoc] secundum magis et minus.

35. — *Droit de fournage.* —
Item de unocumque cartono
frumenti seu cujuslibet alterius
bladi, ad mensuram Tholosæ,

31. — Même art. à Fajolles.

32. — A Fajolles l'article
débute par les mêmes mots, mais
fixe comme il suit les cas où
le sgr a le droit de quête dans
lad. bastide : « ... exceptis in
tribus casibus in quibus questam
facere valeamus, videlicet :
quando prior Sancti Egidii
transfretabit, et Hospitali[s]
edifficium pro fortalicio ibi faceret, et si castrum ibi de prope
emeret aut possessiones ibi
acquireret multam peccuniam
decostaret (*corr.* decostantes?) ».

33. — Art. semblable à
Fajolles. Mêmes redevances se-
ront payées à *notre maison de
Fajolles*, dit le prieur de Saint-
Gilles.

34. — Art. semblable à Fajolles.

in furno dom. comitis prædicti,
de toto (*corr.* decocto) debet
habere quatuor denarios Tholosanos.

36. — *Leude perçue au marché
à raison des animaux et de diverses marchandises.* — Item de
quolibet bove, vendito ab extraneo, ab illo qui emet (1) unum
denarium caturcensem. Item de
porco unum denarium caturcensem. Item de azino ferrato duos
denarios Tholosanos ; de defer-
rato unum denarium Caturcensem. De bestia grossa quatuor
denarios Tholosanos ; de quolibet
onere (*corr.* corio) bestiæ gros-
sæ, ab illo qui vendet, unum
denarium Caturcensem. Item de
pelle vulpis sive de loire unum
denarium Caturcensum. Item de
ove, de crapa unum obolum
Caturcensem, de illo qui emet.
Item de una libra in amplius de
cera unum denar. Caturcensem
ab illo qui vendit, et, si colerius
portaret, non daret amplius
quæ(-am) hiis (*corr.* is) qui
vendit. Item de una saumata
alba (*corr.* ollarum) unum denarium Caturcensem vel unam
oblatam (*corr.* ollam) valentem
unum denar. Caturcensem ; de
qualibet de feora (*corr. ces deux
deniers mots par :* fioza) carnis

35. — De même à Fajolles,
sauf toutefois que le tarif de la
cire et des pots (*olarium, olam*),
a été reporté vers le début de
l'art., entre la leude des bœufs
(*de quolibet bove* vendu *in foro*,
etc.) et celle des pourceaux.
Voici, de plus, quelques variantes d'orthographe : « ... de asino
ferrato... de pelle vulperis sive
loyra... de ove et capra... de
quolibet fioza carnis porci quod
vendita fuerit in foro propinquiori ante Nativitatem.... »

(1) Il faut sous entendre : *debet habere comes.*

porci quæ vendita fuerit in foro
propinquo(-quiori) ante Nativitatem Domini, semel in anno,
unum denarium Caturcensem.

37. — *Exemption de lad. leude
en faveur des habitants.* — Has
vendas prædictas pagabunt ex-
tranei, et homines dictæ villæ
sint ab omni leuda liberi, de
hiis quæ ad proprios usus emerint in villa vel in foro.

38. — *Leude payée par les
marchands qui dressent leur tente.*
— Item quicumque extraneus
die fori condanum (*corr.* tentorium) fixerit, [de] quolibet opere
sit, [det] unum denarium Caturcensem pro benda (*corr.* leuda),
excepto mortenario (*corr.* mercenario) qui non dabit nisi obolum Caturcensem.

39. — *Redevance sur les boulangers.* — Item quilibet panem
faciens in villa prædicta ad vendendum, det dicto domino comiti
tres oblatas Tholosanas panis
in die jovis Cene annuatim.

40. — *Droit de leude sur les
charges de fer, de sel, de blé, de
vin, etc.* — Item saumata fæni
(*corr.* ferri) de foris adportata
det pro leuda uuum denarium
Tholosanum. Item una saumata
salis det unam palmam salis,
et unum denarium Caturcensem.
Item quicumque extraneus voluerit extra[here] alienum bla-

36. — De même à Fajolles :
« Has *lesdas* etc. »

37. — De même à Fajolles :
« ... de fori tentorium fixerit de
quocumque opere sit, etc...
excepto mercenario qui non
dabit etc... »

38. — De même à Fajolles :
Tout boulanger donnera aud.
Hôpital 3 *obol. tol.* de pain, etc.

39. — Même art. à Fajolles :
«... ferri de foris apportata, etc...
extrahere bladum, vinum vel
sal... uno onere cifforum vitreorum... scutellarum et grasello-
rum... »

dum, vinum vel sal, pro saumata
vini unum denar. Caturcensem
pro leuda, pro saumata bladi
unum denarium Caturcensem,
et secundum magis et minus,
et pro onere un[i]us hominis de
sale unum obolum Caturcensem.
Item de uno onere cophorum
[*corr.* cyphorum] vitreorum
unum denarium Caturcensem
ab extraneo. Item, de uno
honere scutelarum et grazello-
rum unum denarium Caturcensem. Item de quolibet semine
ortorum ab extraneo secundum
quod ratio esse videbitur.

41. — *Amende contre celui qui
part sans payer la leude.* —
Item si quis leudam debens a
villa vel a foro stetit (*corr.*
exierit) nec leudam solverit,
paguet duos solidos Tholosanos
et obolum pro emenda.

42. — *Punition des rixes sur-
venues dans le marché.* — Item
qui in foro aliquem percusserit
cum pugno in duobus solidis
et obolo Tholosano condempnetur, et, si [pro] ictu sanguis
exeat, qui ictum fecerit in viginti solidis Tholosanis puniatur.

43. — *Droits de justice perçus
dans les procès relatifs aux
immeubles.* — Inde (*corr.* Item,
qui de) possessione litigaverit,
[donet] pro libra [duos] solidos
Tholosanos [et] clamorem, et

40. — Même disposition à
Fajolles.

41. — Même art. à Fajolles.

42. — Même art. à Fajolles :
« Item qui de possessione litigaverit donet pro libra duos sol.
tol. et clamorem et illam summam non teneantur solvere
litigantes usque ad finem litis ».

illam summam non teneatur [solvere] litigans usque in fine litis.

44. — *Si le bailli saisit les biens du débiteur, le créancier peut vendre ces biens après un certain délai.* — Item si bajulus pignoret aliquem post quindecim dies consignatos debitorum(-ri) ad solvendum, ille cujus erit debitum per alios quindecim 'dies [pignora] custodiat, quibus elapsis vendat qui (*corr.* cui) voluerit pignora, et ulterius non tenetur.

43. — Même art. à Fajolles : «... xv dies assignatos debitori... per alios xv dies pignora custodiat, etc. »

45. — *Serment prêté par le bailli à raison de sa charge.* — Item bajulus dictæ villæ jurabit in præsentia consulum quod suum officium fideliter faciet, munus vel servicium pro suo officio sive ratione sui officii non capiet, unicuique jus suum pro posse suo reddet, et usus bonos et consuetudines villæ scriptas et aprobatas, salvo jure dicti dom. comitis, custodiet et defendet.

44. — De même à Fajolles.

46. — *Élection annuelle des consuls.* — Item in villa prædicta consules creabimus annuatim in crastino Nativitatis Domini, et, si tunc instituti vel creati non fuerint, duret potestas consulum, qui immediate extiterint, donec alii per dictum dominum comitem vel mandatum suum ibidem fuerint instituti.

45. — Même art. à Fajolles.

47. — *Des attributions des consuls en matière de voirie.* — Item consules qui pro tempore fuerint potestatem habeant vias publicas et mala passagia reparandi.

48. — *Ceux qui jettent des ordures dans les rues sont punis par le bailli et les consuls.* — Si [quis] vero in dicta villa intraverint (*corr.* jactaverit) ferentia (*corr.* fetancia) vel aliqua noscentía, per nostrum bajulum et consulum(-es) puniantur (-atur).

Has autem consuetudines et omnia prædicta et singula quamcumque (*corr.* quantum) de jure possumus, aprobantes loco et nomine illustrissimi dom. comitis supradicti, in perpetuum eorum [testimonium], sigillum apponentes, habere volumus perpetuam firmitatem.

Actum fuit duas dias en l'intran del mes [de] desembre, anno ab incarnatione Domini millesimo ducentesimo septuagesimo, regnante Philippo Franciœ rege, Alfonso comite Tholosano, Bertrando episcopo. Hujus rei sunt testes mestre Peyre Folcaud de Montalba, et Arnaud Adug de Lavaur, en Bertrand de Langlada, donzel, en Elias de Roquafort, donzel, Guillem de Montagut de Lavaur, Guillem

46. — Même disposition à Fajolles.

47. — Même disposition à Fajolles : « ... jactaverit fentenciam vel alia nesciacia per nostrum bajulum et consules puniatur. »

Donné à Fronton, les jour et an ci-dessus. Témoins : sgr B. Maurin, maître Jean de Saint-Flour, notaire du sgr prieur déjà nommé, et P. Catalm.

Raymon, notarius de Lavaur, Raymond Faure, notarius de Lavaur, et ego Guillermus Mathe, publicus notarius [de] Cordulæ(-dua) Tholosæ diocesis, qui cartam istam scripsi.

(Extrait d'une copie en parchemin trouvée aux Archives de l'abbaye de Belleperche).

(Copie tirée du livre des Archives du comté de l'Isle et collationnée par moi : P. de Fourès.)

PARÉAGE ET COUTUMES DE COLOGNE.

1284 ET 1287 [1].

Comme le prouve le paréage qui vient d'être indiqué, le lieu de Cologne portait primitivement le nom de *Sabolène*, devenu dans les documents postérieurs Soubolée ou Saboulies. Il se trouvait enclavé dans le territoire de l'ancien castelar ou château de Terride, qui, en 1265, confrontait en effet à ceux de Sarrant, de Brignemont, d'Ardizas, de Sirac, et, du côté de l'Ouest, à la Gimone. Les membres de la famille de Sabolène occupaient un des premiers rangs dans la noblesse de cette région aux XIIe et XIIIe siècles, et ils sont fréquemment cités dans la Saume de l'Isle et dans les titres de Grandselve. Toutefois, nous voyons qu'en 1284-87 ce n'était pas un seigneur de ce nom qui possédait cette terre ou du moins la partie de cette terre comprise dans Cologne. Cette dernière localité était alors au pouvoir du damoiseau Othon de Terride, lequel était fils de Bern. d'Astaffort, frère lui-même, il est vrai, de Garsie de Saubolée. On trouve bien aussi qu'en 1286, à la suite de la plantation du pal qui annonçait la fondation officielle de la bastide de Cologne, les procureurs de Jourdain de l'Isle prétendirent que ce seigneur avait la juridiction de ce lieu ; mais il ne paraît pas que leurs réclamations aient été admises, et, de fait, c'est Othon de Terride et le roi de France qui continuèrent de rester les seuls seigneurs paréagers de Cologne, ainsi que le montrent les comptes du domaine de 1294 et 1299.

Nous devons maintenant céder une place à la description du manuscrit d'où proviennent les chartes qui vont être rapportées.

(1) Nous devons à une obligeante communication la copie de ces deux textes ainsi que la description du manuscrit qui les contient. Il n'a pas été question de ces pièces dans notre préface, mais le lecteur n'a guère besoin de nous pour remarquer qu'elles viennent continuer à souhait la série géographique des chartes précédentes, et que c'est avec non moins d'à-propos qu'elles complètent notre recueil par le genre de leurs formules. Le texte des privilèges de Cologne appartient en effet au deuxième type de coutumes adopté par Alfonse ou ses successeurs, et que notre recueil n'a fait que mentionner jusqu'ici sans en donner d'exemple. Quant au paréage, c'est un acte trop étroitement lié à la charte de privilèges pour qu'on puisse se dispenser de l'éditer en même temps que cette dernière ; il est bon, d'ailleurs, qu'après la simple traduction que nous avons déjà publiée pour l'acte semblable de Gilhac, on trouve maintenant celui-ci dans sa teneur originale.

Ce ms., découvert il y a quelques années et encore conservé à Cologne, paraît avoir appartenu à un notaire ou à un greffier de la ville; mais il devait, dans le temps, constituer l'exemplaire servant de titre aux autorités locales. — Il se compose de 18 feuillets de parchemin de 231 millim. de haut sur 137 de large, d'une couleur jaune brune et en bon état de conservation. Les douze premières pages contiennent le calendrier des douze mois avec les fêtes. Le folio 7, au recto, présente les premiers versets des évangiles, dont deux de saint Mathieu, un de saint Jean et un de saint Luc. Les feuillets 8 à 12 contiennent les libertés de Cologne, et les deux suivants l'acte de paréage. Le v° du fol. 15 montre une miniature assez grossièrement exécutée représentant Notre-Seigneur en croix; et, au recto du folio placé à la suite, est une autre miniature grossière représentant Notre-Seigneur assis sur son trône et bénissant de la main droite; aux angles de la p. sont peints les emblèmes des quatre évangélistes. Enfin, les 17ᵉ et 18ᵉ feuilles servent de garde. — La reliure est en bois de chêne recouvert d'un cuir jaune fort sali par l'usage.

En examinant le volume, on reconnaît que les folios 8 à 14 ont été cousus dans un petit missel dont on avait arraché presque tout le parchemin, n'y laissant que le calendrier et les miniatures qui précèdent ordinairement les prières du canon. Les feuillets sur lesquels sont écrites les libertés et la fondation ou paréage de la bastide n'ont été placés là que dans le but de les abriter sous une reliure solide.

Au bas du folio 7 se trouve la note suivante, en cursive du XVᵉ siècle : « Anno Domini Mᵒ IIIImᵒ septimo, die dominica ante festum beati Bartholomei que fuit XXI dies mensis Augusti, reverendissimus in Xpto pater dom. dominus Petrus Parys, divina favente gratia, episcopus Lomberiensis, consecravit altare magnum parochialis ecclesie ipsius loci de Colonia (1) ». — Sur le v°, parmi beaucoup de mots effacés, on lit « : Anno 1341 el mes d'abril abein... fest... »

Quant à l'écriture de nos pièces, qui est très nette, « c'est une belle moulée de la fin du XIIIᵉ siècle, si l'on en juge par les abréviations et la forme des lettres ». Ces dernières ont 2 millimètres et demi et les lignes ménagent des marges latérales qui ont 15 millimètres du côté extérieur et 8 du côté opposé. L'encre est en général assez bien conservée, sauf à la première page, où, ayant beaucoup pâli, la plus grande partie des mots ont été tracés de nouveau par une main peu intelligente. Les signes qui séparent les divers chapitres ou paragraphes et trois ou quatre lettres majuscules, placées au début ou dans le corps de l'acte, sont seuls coloriés ; ils le sont alternativement en vermillon ou en bleu. — Dans le paréage, l'écriture, toujours du même genre, se trouve un peu plus serrée, et les lettres ont un peu moins de hauteur; les initiales sont en vermillon ou en bleu et les têtes des chapitres en noir.

(1) Voyez à ce sujet *Revue de Gascogne*, XXV, p. 225.

26 MARS 1284.

PARÉAGE DE SABOLÈNE OU COLOGNE.

(Manuscrit conservé à Cologne.
Propriété particulière. — Original du XIIIᵉ siècle.)

In Dei nomine. Universis pateat tam presentibus quam futuris presentis pagine seriem inspecturis quod Odo de Terrida, condominus ejusdem loci de Terrida, gratis et spontanea voluntate dedit et concessit pure et perfecte, pro se suisque heredibus et successoribus, in perpetuum, nobili viro domino Eustachio de Bellomarchesio, militi, senescallo Tholose et Albiensis pro serenissimo dom. Philippo, Dei gratia Francorum rege, recipienti pro eodem domino rege et nomine ipsius et heredum et successorum suorum, medietatem totius territorii de Sabolena, quod territorium est in parrochia beate Marie de Sabolena, diocesis Tholosane, et adheret ex una parte rivis de Sarampio et ex duabus partibus terris vacuis Bertrandi de Insula, condomini de Tarauba, et, ex alia parte, terris territorii de Terrida, ad faciendam communem bastidam ipsi Odoni suisque heredibus et successoribus cum eodem domino senescallo, nomine regis predicti pro se suisque heredibus et successoribus, et possidendum communiter ipsam bastidam et totum territorium supradictum indivisum sub modis, conditionibus et retentionibus infra scriptis.

Habebit siquidem predictus dominus rex et heredes et successores medietatem pro indiviso in dicta bastida et territorio superius confrontato in censibus, obliys, vendis, impignorationibus, furnis, molendis(-inis), agrariis, possessionibus, leudis, pedagiis, mercato, nundinis, clamoribus, justiciis, incitamentis (*corr.* incurrimentis), mero et mixto imperio et omnibus aliis que possunt et solent pertinere ad dominum temporale, et nichilominus habebit dominus rex cavalgatam, exercitium(-tum) et ressortum et incursus hereseos(-sis) si forte contengerit provenire.

Item quod in dicta bastida, que fiet in territorio antedicto, instituatur unus bajulus tam pro dicto domino rege quam pro ipso Odone, qui colligat et percipiat communiter pro utroque redditus,

10

clamores et justicias et alios exitus qui ex dicta bastida vel ratione dicte bastide provenient et quod utrique domino reddat predictorum omnium partem suam, medietatem scilicet predicto dom. regi et aliam medietatem predicto Odoni et illis qui fuerint pro eo et in (*corr.* id) se facturum promittet et ad sancta Dei evangelia jurabit utrique domino et completurum sine fraude quam ullatenus non committet.

Item judices domini regis qui erunt Verduni et in partibus Vasconie pro tempore pro utroque domino tenebunt assisias iu dicta bastida et ibi causas audient pro utroque et discernent et quilibet judex in principio administrationis sue jurare tenebitur eidem Odoni quod pro parte dimidia contingente ad dictum Odonem ibidem dictas causas audiet et discernet et quod jura sua in dicta bastida et tenemento ejusdem custodiet bona fide et suum officium fideliter exequetur.

Item instituentur consules in dicta bastida et tenemento ejusdem[......] et messegerii committentur pro utroque domino et preconisationes que fient communiter [fiant] pro utroque domino.

Retinuit tamen dictus Odo sibi pro se et suis heredibus locum liberum et sufficientem ad opus domus proprie faciende et quod dictus rex in recompensationem tantummodo recipiat ad opus domus proprie faciende.

Item retinuit sibi dictus Odo quod si forsan contingeret in dicta bastida et ejus pertinenciis capi aliquos quod in carcere, que fiet communis, capti hujusmodi deponentur et communiter custodiantur.

Retinuit etiam sibi dictus Odo quod predictus rex in dicta bastida collectas non faciet, quod si forte faceret pro parte sua dimidia idem Odo recipiat partem suam nisi forte collectam faciet generalem per terram diocesis Tholose.

Item retinuit dictus Odo quod semper dicta bastida cum suis pertinenciis remaneat indivisa et quod dictus rex non possit transferre dictam bastidam et tenementum ipsius in quamcumque personam nisi in illum seu illos qui fuerint domini Tholose.

Item sibi retinuit specialiter et expresse quod si dictam bastidam omnino depopulari contingeret, ita quod dicta bastida cum tenemento sine habitatoribus remaneret, locus bastide cum tenemento ad. jus et proprietatem ipsius Othonis sine contradictione rediret.

Item retinuit etiam quod si contingeret pro heresi in dicta bastida seu tenemento in incursum predicto dom. regi aliquas possessiones immobiles devenire quod dominus rex et senescallus suus Tholose illas passessiones immobiles intra annum et diem tempore quo venerint in incursum extra manum suam ponere teneatur et talibus personis concedetur [que] eidem domino regi et dicto Odoni faciant servicia et deveria consueta.

Item retinuit sibi quod pro predictam donationem et concessionem factam de dicta bastida domino regi et territorio superius limitato in pedagiis, clamoribus et justiciis que idem Odo habet extra territorium ipsius bastide predicti Odoni non possit esse prejudicium in futurum.

Promisit insuper dictus Odo de Terrida dicto domino senescallo nomine domini regis recipienti quod dictam donationem et concessionem et omnia alia suprascripta rata habebit atque firma et quod contra non veniet ullo tempore ullo modo in judicio sive extra.

Item predictus dom. senescallus, nomine dicti dom. regis predictam donationem et concessionem per dictum Othone[m] factam sub modis, conditionibus, pactionibus, conventionibus, exceptionibus seu retentionibus supradictis recepit et etiam acceptavit nomine predicti dom. regis. Promisit etiam dictus dom. senescallus quod, quantum in eo est, ipsum dom. regem faciet esse contentum hiis que sibi et eidem dom. senescallo pro ipso dom. rege per ipsum Othonem superius sunt collata sub modis, pactionibus et retentionibus supradictis.

Hec autem que superius sunt expressa ita dicta fuerunt et pacto firmata per predictum dominum senescallum, nomine predicti dom. regis, ex parte una, et per dictum Odonem, ex parte altera, apud Tholosam, in domo magistri Bertrandi de Louna, notarii curie appellationum Tholose domini regis, VII kalendas Aprilis, regnante Philippo rege Francorum, Bertrando episcopo Tholosano, anno Domini millesimo ducentesimo octuagesimo quarto; in presentia et testimonio domini Guillelmi de Vergeriis, militis, magistri Garnerii de Cordua, judicis domini senescalli, domini

Bernardi Molinerii, magistri Bertrandi Garnerii de Cordua, magistri Guillelmi de Cachetis, legum professoris, Petri de Turre, subvicarii Tholose, Benedicti Momerii, et mei Helie Iteri, Buzeti publici notarii et totius senescallie Tholose [et Albiensis] qui hanc cartam scripsi.

JANVIER 1286 (1287) (1).

COUTUMES DE COLOGNE.

(Manuscrit conservé à Cologne. Propriété particulière. —
Original de la fin du XIIIᵉ siècle.)

In nomine sancte et individue Trinitatis.

Philippus, Dei gratia Francorum rex, notum facimus tam presentibus quam futuris quod nos habitatoribus bastide de Colonia, diocesis Tholosane, pro nobis et Othone de Terrida, domicello, pariario nostro, concedimus libertates et consuetudines infrascriptas.

Videlicet, quod per nos et dictum Othonem vel successores nostros non fiet in dicta villa tallia, albergada, questa nec recipiemus ibi mutuum nisi gratis mutuare voluerint habitantes nisi generaliter in aliis villis nostris eadem faciamus.

Item quod habitantes dicte ville et in posterum habitaturi possint vendere, dare, alienare omnia bona sua mobilia et immobilia cui voluerint excepto quod immobilia non possint alienare ecclesie, religiosis personis, militibus, nisi salvo jure dominorum a quibus res in feudum tenebuntur.

Item quod habitantes dicte ville possint filias nubere et ubi voluerint maritare et filios suos ad sacerdotatus ordinem facere promoveri.

Item quod nos et dictus Otho vel bajulus noster non capiemus aliquem habitantem dicte ville vel vim inferemus vel saisiemus

---

(1) De même que dans l'acte précédent, nous avons inséré dans le corps de l'acte la correction de quelques mots évidemment altérés par le scribe du ms. Les rectifications étaient, du reste, faciles à faire et à justifier en rapprochant plusieurs chartes semblables dont le texte a été parfois mieux conservé. Ces chartes, parmi lesquelles se trouvent celles de Monfort, de Grenade, etc., ont été déjà indiquées dans une note de notre préface.

bona sua dum tamen velit et fidejubeat stare juri, nisi pro murtro vel morte hominis vel plaga mortifera vel alio crimine quo corpus suum vel bona sua nobis et dicto Othoni debeant esse incursa vel nisi forefactis in nobis vel dicto Othoni vel gentibus nostris commisis.

Item quod ad questionem seu clamorem alterius non mandabit vel citabit senescallus noster vel bajuli sui nisi pro nostro vel dicti Othonis facto proprio seu querela aliquem habitantem in dicta villa extra honorem dicte ville super his que facta fuerunt in dicta villa et honore et pertinenciis dicte ville et super possessionibus dicte ville et honore ejusdem.

Item quod si aliquis homo vel femina de die intraverit ortos, vineas aut prata alterius sine mandato vel voluntate illius cujus fuerint, postquam de nostro et dicti Othonis mandato quolibet anno deffensum fuerit, solvat xii denarios tholosanos consulibus dicte ville si habeat unde solvat, alias ad arbitrium nostri et dicti Othonis judicis vel bajuli puniatur, et quelibet bestia grossa que ibi inventa fuerit duos denarios turonenses consulibus supradictis, pro porco et sue qui intraverit unum denar. tur., et pro ove et capra seu hirco vel quolibet alio peccore solvat dominus bestie unam obol. tur., si ancer vel alia avis consimilis fuerit inventa obol. tur.; nichilominus dom. cujus fuerit bestia vel avis dampnum tenebitur emendare. Denarios vero quos pro hujusmodi emendis consules habuerint mittentur in utilitatem dicte ville utpote in reparationem pontium, itinerum et viarum. Alienigene transeuntes qui dictum deffensum ignoraverint penas non sustineant antedictas sed alias ad nostri et dicti Othonis judicis vel bajuli arbitrium puniantur.

Item quicumque de nocte intraverit ortos, vineas vel prata alterius sine mandato vel voluntàte illius cujus fuerint, et cum panerio vel sacco vel capucio aut cum alio explecto fructus extraxerit, nobis et dicto Othoni in viginti solid. thol. sit incursus, postquam de nostri et dicti Othonis mandato similiter fuerit quolibet anno deffensum, et, si tantummodo manibus et sine alio explecto extraxerit, pro justicia in duobus sol. thol. nobis et dicto Othoni sit incursus et dampnum insuper emendabit.

Item quicumque in dicta villa tenerit falsum pondus, falsam

mensuram, falsam canam vel alnam falsam nobis et dicto Othoni in LX sol. thol. puniatur.

Item carnifices qui carnes vendiderint in dicta villa bonas carnes et sanas vendant, [que] si bone et sane non fuerint, carnes pauperibus per bajulum erogentur, et illis qui emerint pretium reddatur; et lucrentur carnifices in unoquoque solido unum denarium currentis monete, et quicumque carnifex in hoc nostrum et dicti Othonis mandatum excesserit in duobus solidis et uno denario dominis sit incursus.

Item quilibet pistor seu pistorissa vel quicumque alius panem faciens ad vendendum in villa predicta lucretur, in unoquoque sextario frumenti, IIII denarios turonenses et furfur tantummodo, et hoc secundum magis et minus, et si amplius lucratus fuerit panis capiatur et pauperibus tribuatur.

Item [omne]s res comestibiles ex quo ad villam predictam erunt aportate ad vendendum non vendantur revenditoribus donec prius ad placiam fuerint deportate dum tamen hoc prius ex parte nostra et dicti Othonis deffensum fuerit et clamatum, aliis (*corr.*-ias) vero vendi possint impune et hoc deffensum duret a festo beati Johannis Baptiste usque ad festum beati Micaelis. Et qui contravenerit in quatuor denarios thol. condempnetur. Perdix vero, lepus et cuniculus vendantur ad precium quod in foro ex parte nostra et dicti Othonis fuerit proclamatum.

Item quicumque res comestibiles ad dictam villam aportaverit volatilia, silvestrem bestiam, poma, pira et consimilia non det leudam.

Item nullus habitans in dicta villa det leudam de re quam vendat vel emat in villa predicta ad usus suos die fori vel alio in foro vel extra.

Sane consules dicte ville jurabunt se deffendere fideliter et servare nostrum et dicti Othonis corpus et membra et etiam jura nostra et quod officium consulatus quandiu erunt in officio fideliter exsequentur nec munus nec servicium racione officii ab aliquo capient per se vel per alium nisi id quod de jure est concessum quilibet (*c'est-à-dire* cuilibet) in officio existenti. Communitas siquidem dicte ville in presentia consulum jurabit se nobis et dicto Othoni vel mandato nostro bonum consilium et fidele pro posse suo prestare dum requisita fuerit salvo etiam in omnibus jure nostro et Othonis predicti.

Item instrumenta publica, facta a publicis notariis a nobis vel dicto Othone vel successoribus vel a senescallis nostris creatis vel creandis illam firmitatem habeant quam habere debent publica instrumenta.

Item testamenta facta ab habitatoribus dicte ville in presencia testium fidedignorum valeant licet non fuerint facta secundum sollempnitatem legum dum tamen liberi non fraudentur legitima portione.

Item, si quis decesserit sine herede legitimo et testamentum non fecerit, consules dicte ville de nostro et dicti Othonis mandato bona ejus per annum et diem custodiant descriptis tamen per nostrum et dicti Othonis bajulum bonis hominis predicti, et, si interim non venerit heres qui hereditare debeat, nobis et dicto Othoni redeant bona ad voluntatem nostram faciendam.

Item omne debitum cognitum, si clamor factus fuerit, nisi infra quatuordecim dies persolvatur, debitor solvat nobis et dicto Othoni vel mandato nostro duos sol. tur^{es} pro clamore. Si vero negetur debitum, qui victus fuerit in decima litis et duobus sol. tur. pro justicia puniatur.

Item si quis alicui verba contumeliosa et grossa dixerit nisi super hoc fiat questio nobis et dicto Othoni non teneatur ad emendam ; si vero facta fuerit questio teneatur nobis et dicto Othoni in duodecim denar. thol. pro clamore et pro estimatione injurie in duobus solidis pro libra.

Item si quis aliquam ducat in uxorem et cum ea mille solidos acceperit pro dote ipse det uxori sue quingentos solidos et hoc secundum magis et minus nisi aliud [pactum] intervenerit inter ipsos, et si maritus supravixerit nec de uxore infantem habeat tota vita sua tenebit totam dotem et post mortem suam parentes uxoris vel heredes dotem illam recuperabunt nisi in perpetuum dederit marito. Si infantem habeat ipsa mulier et supravixerit marito ipsa recuperabit dotem suam et donationem propter nuptias, qua mortua, infantes quos a marito habuerit donationem propter nuptias reherebunt (*corr.* rehabebunt) vel ille quem maritus in testamento suo duxerit ordinandum.

Item si quis gladium extraxerit contra aliquem, licet non percutiat, nobis et dicto Othoni [in] viginti sol. thol. condempnetur. Si vero percusserit ita quod sanguis exeat in triginta sol. th. puniatur et emendet vulnerato. Et si mutilatio membri intervenerit in sexaginta solid. thol. vel amplius si nobis et dicto Othoni placuerit condempnetur, et nihilominus satisfaciat vulnerato. Si autem percussus pro ictu moriatur, qui ictum fecerit ad nostram et dicti Othonis voluntatem vel mandati nostri puniatur et bona sua omnia sd manum nostram et dicti Othonis capiantur.

Item si bona alicujus habitatoris dicte ville venerint in commissum, de bonis predictis si sufficiant ejus creditoribus satisfaciat, et nobis et dicto Othoni residuum amplicetur.

Item latrones et omicide ad nostrum et dicti Othonis voluntatem puniantur.

Item si quis in adulterio deprehensus fuerit, currat per villam, ut in aliis villis nostris fieri consuevit aut solvat nobis et dicto Othoni vel mandato nostro centum sol. thol. et quod voluerit obtionem habeat eligendi, ita tamen quod capiatur nudus cum nuda vel vestibus braccis depositis cum vestita per aliquem de nostra et dicti Othonis curia, presentibus cum eo duobus consulibus vel aliis duobus probis hominibus dicte ville vel aliis duobus vel pluribus undecumque sint fidedignis.

Item si quis pro aliquo fidejusserit si principalis debitor solvendo non fuerit idem quod fidejussit satisfaciat, si bona habeat unde solvat.

Item quicumque in dicta villa venire voluerit seu habitare et mansionem facere sit liber sicut alii habitatores et si sine prejudicio alterius fieri possit.

Preterea in domo qualibet seu ariali dicte ville, longa de quindecim stadiis et ampla de quinque, nos et dictus Otho debemus habere annuatim in festo Omnium Sanctorum quinque denarios thol. censuales, et hoc secundum magis et minus.

Item furni dicte ville erunt nostri et dicti Othonis et quicumque ibi panem dequoqui fecerit vicesimum panem nobis et dicto Othoni pro furnagio dare tenetur.

Item mercatum fiet die jovis in dicta villa qualibet septimana.

Item de quolibet bove vendito in foro ab extraneo nos et dictus

Otho habebimus ab illo qui emerit unum denar. tur. Item de porco unum denar. tur. Item de asino unum denarium.

Item de pelle vulpis et de una libra cere et de una summata (*corr.* saumata) ollarum, de una fioza unum denar. tur. de quolibet predictorum.

Item de medietate porci rescentis vel salsi que vendita fuerit in foro propinquiori ante nativitatem Domini semel in anno unum denar. tur.

Item homines predicte ville sint liberi a dictis leudis de hiis que ad proprios usus emerint in villa vel in foro.

Item quicumque extraneus in die fori tentorium tenuerit quarum-cumque mercium dabit pro leuda unum denar. tur.

Item summata ferri de foris aportata det pro leuda unum denarium thol.

Item summata salis det unam palmatam salis et unum denar. tur. et hoc secundum magis et minus ; pro honore unius hominis de sale unum obol. tur. Item de honore ciphorum vitreorum unum denar. tur. ab extraneo. Item de uno honere scutellarum et grasalarum unum denar. tur. Item de quolibet semine ortorum secundum quod videbitur ratione.

Item si quis leudam debens a villa vel a foro exierit et leudam non solverit paguet duos sol. thol. et obol. pro emenda.

Item qui in foro aliquem percusserit ad arbitrium judicis et pro qualitate delicti puniatur.

Item qui de possessione litigaverit det pro libra duos sol. thol. et clamorem et illam summam non teneantur solvere litigantes usque ad finem litis.

Item si bajulus pignoret aliquem post quindecim dies assignatos debitori ad solvendum ille cujus erit debitum per alios quindecim dies pignora custodiat, qùibus elapsis, vendat si voluerit pignora, et si pretium pignoris venditi evcedat debitum suum residuum habitum a dicto pignore teneatur reddere debitori.

Item bajulus dicte ville in presentia consulum jurabit quod suum officium fideliter faciet et munus vel servicium pro suo officio sive ratione officii non capiet et unicuique jus suum pro posse suo reddet et usus bonos et consuetudines ville scriptas et approbatas salvo jure nostro et dicti Othonis custodiet et deffendet.

11

Item in villa predicta consules creabuntur annuatim in crastinum nativitatis Domini, et, si instituti et creati non fuerint, duret potestas consulum qui inmediate extiterint donec alii per nos et dictum Othonem vel nostri ei dicti Othonis mandatum ibidem fuerint institui. Ita tamen quod nomina consulum instituendorum in dupplo reddantur curie in scriptis per consules veteres tot quot curia possit eligere magis idoneos usque ad numerum in consulatu consuetum.

Item consules qui pro tempore fuerint potestatem habeant vias publicas et mala passagia reparandi.

Item si quis in dicta villa jactaverit immundicia vel aliqua nosciva per nostrum et dicti Othonis bajulum et consules puniatur.

Item nundine sint in dicta villa bis in anno, prime videlicet die dominica post festum Ascensionis Domini, secunde in festo Sancti Dionisii subsequenti. Et quilibet mercator extraneus habens trossellum vel plures trossellos in dictis nundinis, pro introitu et exitu et taulagio et pro leuda. det IIII^{or} denar. thol., et de honere hominis quicumque det unum denar. thol; et de rebus emptis pro usu domus alicujus habitatoris dicte ville nichil dabitur ab emptore pro leuda.

Item expresse exercitum et cavalgatam ut in aliis locis nostris illius terre retinemus.

Que (*corr.* Quod) ut perpetue stabilitatis robur obtineant (-at) presentem paginam sigilli nostri auctoritate et regis(-ii) nominis caractere inferius annotato facimus communiri.

Actum Parisiis. Anno incarnationis Domini MCC octogesimo sexto, mense januarii, regni vero nostri anno secundo; astantibus in palatio nostro quorum nomina supposita sunt et signa. Dapifero nullo. Signum Johannis buticularii. Signum Roberti camerarii. Signum Ratulfi constabularii. Data vacante cancellaria (Suit le dessin du monogramme de Philippe IV).

FIN DES COUTUMES.

LISTE SUPPLÉMENTAIRE

DES

MEMBRES FONDATEURS

DES

ARCHIVES HISTORIQUES DE LA GASCOGNE

(Voir la liste insérée dans le fascicule Ier).

ABBADIE, ancien magistrat, 95, rue de Monceau, Paris.

Ariège (archives départementales).

BARADAT DE LACAZE, château de Rozes, Gimbrède (Gers).

BREUILS (abbé), vicaire, Mirande (Gers).

CAVARÉ, conseiller général du Gers, l'Isle-Jourdain (Gers).

CLASSUN (abbé de), archiprêtre de la cathédrale, Aire (Landes).

COSTE (Jean-Joseph), libraire, Bergerac (Dordogne).

CUGNAU (abbé), professeur au Petit Séminaire d'Auch (Gers).

DALAVAT, curé de Mongauzy, par Lombez (Gers).

DAUDIRAC, greffier du canton nord-est, Tarbes (Hautes-Pyrénées).

DESPONTS (Émile), pharmacien, Auch (Gers).

DUCÉRÉ, sous-archiviste, Bayonne (Basses-Pyrénées).

DUCOS, avoué, Mirande (Gers).

DUFAUR (Albert), propriétaire, Riscle (Gers).

DUPUY (Henri), vicaire, Fleurance (Gers).

FOURCADE, curé d'Adé (Hautes-Pyrénées).

GERMON (Louis de), château de Labatut-Rivière, par Maubourguet (Hautes-Pyrénées).

GROUSSOU (Henri de), ancien magistrat, avocat à la cour d'appel, Agen (Lot-et-Garonne).

JAURGAIN (de), 3, rue de Moscou, Paris.

LATOUR DE BRIE, rue du Quatre-Septembre, Tarbes (Hautes-Pyr.).

LENCLUD, ingénieur en chef, Albi (Tarn).

MACARY, propriétaire à Sivrac, par Cologne (Gers).

MAGEN, secrétaire de la *Société des Lettres, Sciences et Arts*, Agen (Lot-et-Garonne).

MELLIS, château de Bivès, par Saint-Clar (Gers).

ORCIVAL DE PEYRALONGUE (d'), à Gimont (Gers).

Pau (archives départementales).

PONSE, curé de Nerbis, par Mugron (Landes).

TROYES (Félix), avocat, à Samatan (Gers).

AUCH. — IMPRIMERIE COCHARAUX FRÈRES, RUE DE LORRAINE. — 184.

www.ingramcontent.com/pod-product-compliance
Lightning Source LLC
Chambersburg PA
CBHW060804110426
42739CB00032BA/2733